わたしの旅ブックス
052

にっぽんダークサイド見聞録

村田らむ

産業編集センター

僕は
「村田らむは旅人なのか？」

と問われたら、

「旅人というほどではありません……」

とモジモジ答えちゃうくらいの軟弱な旅人である。仕事柄、年中彷徨っているように思われるが、基本的に毎日自宅で独りコツコツと仕事をしている。パソコンに向かって文字を打ち、ｉＰａｄで漫画やイラストを描き、ベッドで資料本を読み……と、根暗な作業を繰り返していると、グングンと「旅メーター」が溜まっていくのだ。

「旅に出たい!!」

というよりは
「仕事場から逃避したい!!」

というダメな気持ちだ。

逃避したいだけだったら、わざわざダークサイドな場所に行かなくたって良いじゃないか？　と思われるかもしれない。

……まあそれは正しい。実際、ディズニーランドに出掛けたりすることも多いのだが、ディズニーランドに行っても金にならない。むしろ、まあまあ痛めの出費になる。

「せっかく旅に出るなら記事になる（金になる）場所に行こうぜ!!」

というわけで今日も、青木ヶ原樹海、ドヤ街、廃墟、戦争遺構とダークサイドな場所に足繁く通っているのである。

……とここまで書いて、

「ああ、でも金のためだけでもないか」

と改めて思った。

「僕はなぜ、ダークサイドな場所に行くのだろう？」

ダークサイド、つまり社会から外れた場所に行くのは不安だし心細いけど、

「魂が軽くなる」

のを感じる。

「命は地球より重く、誰もが人権を持っている世界」

というのが、まあ一般的に良い世界なんだろうけど、

「命は平等に軽く無意味で、人権なんて幻想に過ぎない世界」

にいると、むしろ
「しょうもない僕だけど、この世界にいたっていいのかもしれない」

と思える。

だから僕はダークサイドに行くのかもしれない。


……恥ずかしいこと書いちゃった。

最後に、タイトルで「にっぽん」と名乗っているのに韓国などの海外ネタをシレッと書いているし、博物館や宗教施設などを「ダークサイド」と紹介するのも良くないかなあ～とは思ったけど、インパクト重視で『にっぽんダークサイド見聞録』で決定しました。なんとか、笑って許してもらえるとありがたいです。

にっぽんダークサイド見聞録
目次

まえがき…002

1章 青木ヶ原樹海 ～迷いの森へ
富士の樹海で三つ巴…008
樹海の歩き方…019

2章 ドヤ街 ～変わりゆく働く男の街
大阪のドヤ街・西成…028
東京のドヤ街・山谷…040
横浜のドヤ街・寿町…057
韓国のドヤ街・ヨンドゥンポ…065
◎ホームレスの願いの末路…076

3章 廃墟 ～人が消えた場所をゆく
人のいない村が好き　淡路島…080
ファンシーなゴーストタウン　清里…085
韓国・精神病院の廃墟…100
廃神社探しの副産物　大阪枚岡…107
真鶴の合法廃墟…114
廃村がなくなる前に　横須賀市田浦…121

4章　不思議スポット

おもしろミュージアム
シャレコーベの誘惑　尼崎…132
つやま自然のふしぎ館の一番のふしぎ…139
イルカとクジラをめぐる冒険　太地町…145
KYOTO SAMURAI & NINJA MUSEUM…161

ビックリ宗教施設
台湾のなんでもアリなお寺…169
巨大像の魅力　東京湾観音…178
福井の巨大大仏に会いに行く…185

ノスタルジック・ツアー
横浜の天然レトロと人工レトロ…193
松戸で団地を思い出す…202
あなたの知らない成田…210
韓国の長い商店街　馬場洞焼肉横丁…221

おそろしきトンデモ旅
東尋坊は伝統と歴史の心霊スポット…227
避暑スポット・旧岩淵水門…241
北朝鮮里帰りツアー…251
毒ガスとウサギの島・大久野島…259
立入禁止の先　フクイチ原子炉ツアー…268

あとがき…280

青木ケ原樹海

1

〜迷いの森へ

富士の樹海で三つ巴

「青木ヶ原樹海で自殺をしたいと考えているのですが、もしよろしければ樹海を案内してもらえませんか？」


ツイッター（X）に見知らぬ女性AさんからDMが届いていた。

僕は青木ヶ原樹海に関する本を出しているし、ちょくちょく自殺に関する記事も書いているので、たまにこういうメールが来る。

知人にこんなメールが来たと言うと、

「絶対に返信しないほうがいいよ」

「警察に通報したほうがいいよ」

「もし一緒に樹海に行ったら、自殺幇助になっちゃうよ」

などなど、１００％「連絡とるな」と言われるのだが、結局、

「ＯＫです。行きましょう」

と返信してしまった。

善意ではない。僕は〈好奇心は猫をも殺す〉タイプの人間なのだ。ただし、仕事の予定があって二ヶ月後しか無理だった。Aさんに
「二ヶ月後でも良いですか？」

と尋ねると、

「二ヶ月後か……。もし生きていたらよろしくお願いします」

と少し不穏当な返信がきた。

そして二ヶ月後、すっかり季節は夏になった頃、再びAさんに
「そろそろ約束していた日ですけど、生きてますか？」

とメールする。

正直、返信がある確率は半々かな？　と思っていたが、すぐに
「まだ生きていました!!」

と返事が来た。

河口湖駅の駅舎の中で待ち合わせをした。

「こんにちは‼　村田さんですよね⁇」

待ち合わせに現れたのは、一般的に美人と呼ばれるタイプの女性だった。ただ、僕は彼女の容姿よりも、明るさに驚いた。

初対面なのに物怖じせずハキハキと喋り、よく笑う。「自殺したい」と言う人が全員暗いとは思っていなかったが、それでもここまで明るい人だとは予想外だった。

「村田さんと樹海に行くの待ちきれなくて、自分で行っちゃったんですよ‼」

と語りだした。

やはり二ヶ月は長すぎたらしい。

彼女はまず一人で、青木ヶ原樹海へ下見へ行った。オフシーズンの平日で他にはほとんど客はいなかったという。

女性一人で青木ヶ原樹海に行くと、自殺ストップのボランティアの人にまず止められる。彼らは〝正義〟のために行動している人だから、一度捕まってしまったらどんな言い訳をしようが付きまとってくる。

彼女もかなり付きまとわれたが、その日はなんとか振り切って家に帰ることができたそうだ。

そして数日後、今度は本当に自殺する覚悟で樹海へ向かった。

「思わず樹海に行く前に、お世話になってるカウンセラーの人に『樹海で自殺します』って告白しちゃったんですよね。多分、カウンセラーが警察に通報しました。それでどうなったのか私にもわからないんですけど、乗ってた樹海行きのバスがバス停でもない場所で停められました」

バス停でない場所に停まったバスに、警察官が何人も乗り込んできた。

「Aさんで間違いないですよね？　この場で保護します」

Aさんはそのままパトカーに乗せられ、警察署に連れて行かれたという。事情を知らない人が見たら、犯人が逮捕されたように見えただろう。

なぜ、Aさんがそのバスに乗っているのを警察がつかんでいたのかは、彼女にも全く分からないという。

一人でバスに乗っているAさんをバスの運転手が不審に思って通報したのか、それともカウンセラーから警察に連絡が行った時点で、警察が彼女の携帯電話の位置情報を監視していたのかもしれない。

「そのまま警察署へ連れて行かれて牢屋に入れられて……。説教されて、写真撮られて、体調悪くなっちゃいました。そんなことがあったので今はさすがに樹海で自殺するのは無理かな？　って思ってます。今回は観光だって割り切って来ました」

と言って、Aさんは楽しそうに笑った。

そんな話をしていたら、僕の知り合いのKさんが河口湖駅に到着した。

Kさんは、一流企業で働きながら土日には青木ヶ原樹海に死体を探しに行くという、稀有な趣味を持っている人だ。

彼が今までに見つけた死体の数は、100体を超えている。僕もたまに一緒に樹海に行かせてもらっているが、そう簡単に見つかるわけではない。現在は、3～4回に1回くらいの確率だそうだ。「死体を見つける」という目的のために、土日や休日を全て注ぎ込んでいる熱意は凄い。

Kさんの自動車に乗り込み、青木ヶ原樹海へ向かった。

念のために、いつも入り口にしている富岳風穴や鳴沢氷穴はやめて、目立たない場所にある登山道から入ることにした。

つまり、

〝樹海の中で死にたいと思っているAさん〟

と
〝樹海で死体を探すのを趣味にしているKさん〟

と
〝樹海のルポを書く俺〟

の3人で樹海に入っていったのだ。

Aさんは樹海の中を歩きながら、ロープを吊るせる枝を探している。

「樹海って細い枝が多いですよね……。こんな細い木では首吊ったら折れちゃいますよね？」

「いやそんなこともないですよ。意外と細い木で吊ってる人多いですよね、Kさん？」

「そうですね。足を地面につけて死ぬなら、木は細くても大丈夫だと思いますよ」

「そうかあ、足を下につけても首は吊れるんだ。ありがとうございます」

そんな会話が繰り広げられている。

あくまで紳士的な会話だが、まあまあ狂っている。

AさんとKさんは、目的が一致しているようで、実は微妙にズレている。

Aさんは「樹海で死んで見つかりたくない」

Kさんは「樹海散策で死体を見つけたい」

Aさんは当然「死体が見つからない方法」を聞く。

その答えは簡単で、なるべく樹海の奥の方に入っていったら見つかりづらくなる。

多くの自殺者はそれほど樹海の奥に入らずに死んでいる。探索するKさんや他の人達も、基本的には〝人が死んでいそうな場所〟を中心に探す。だから樹海の奥に進めば進むほど、見つかりづらくなる。

だが樹海は高低差があり、風景も見分けがつかず、まっすぐ進むのは非常に難しい。

樹海をふらふらと歩くKさんとAさん

だからGPSを頼りに進む人が多い。昔は、ガーミンなどのGPS専用機を使う人が多かったが、今はスマホの地図アプリで十分代用がきく。

「登山用のこのアプリを使ってますよ。あらかじめ地図をダウンロードしておけるので便利です」

Kさんは、Aさんにそんな知識を与えつつ、なんとも複雑な顔をしている。Aさんが、樹海の中心部で死んでしまったら、Kさんは死体を見つけるのが難しくなる。

まさに〝敵に塩を送る〟状態なのだ。

Aさんに説明する時以外は、Kさんは〝死体探策モード〟になる。ゆっくり歩き、ゆっくり周りを見渡す。時に鼻でクンクンと死臭を探す。真剣な目つきだ。Aさんは、そのKさんの後をついて歩く。

「樹海で死体をこんなに探してる人がいるなんて……。私が死んだらKさんに血眼になって探されるってことですよね？　うわあ、見つかりたくないなあ。死体見つかるか、見つからないか、勝負になるわけですね。勝てる気しないなあ……」

「いやあ、もし僕が見つけても、通報しないので実質見つかっていないようなものですよ」

Kさんはニコニコと笑顔で答えた。

Kさんは本当に、死体を見つけても基本的に通報しない。

先日は回転寿司で飯を食べていると、LINEで写真がたくさん送られてきた。

見つけたての、死体の写真だった。

顔は真っ黒になり、眼球が飛び出して、眉毛や髪の毛には降り積もった雪のようにハエの卵が産み付けられている。

パーカーの首元には「FUTURE（未来）」と書かれていて、

「死体なのに未来って!!」

ということでフューチャー君というあだ名がつけられていた。

Kさんの案内でその場所を訪れると、フューチャー君はすっかり骨になっていた。

前かがみに倒れて、パーカーの背中が見えた。そこには「PAST（過去）」と書かれていた。できすぎな話である。

Aさんは死体になりたいけれど、

「死体を見るのは嫌!!」

というので、Kさんが骨になったフューチャー君などの死体を鑑賞している間はしばらく離れた場所にいた。

離れた場所から、僕たちを見ると、随分な奇人に見えたらしい。

「死体を見たいと思う人の気持は全くわからない……。なんかKさんと村田さん見てたらこんな変な人達でも生きてるんだから、生きててもいいかもって少し思えてきました。まあまたすぐ死にたくなると思いますけど（笑）」

Aさんはいつの間にか自殺する気がやや失せていた。

確かに振り返ってみると、僕もKさんも一度も自殺を止めていない。

Kさんはもちろん止めないし、僕も常々
「死なないでください!!」

とか言うの、武田鉄矢みたいで気持ちわりぃなあと思ってるので言わなかった。

「どこの誰に相談しても、「死なないで!!」って泣きながら言われたりして、げんなりしてました。ああいうのって、言ってる人が気持ちよくなりたいだけですから。村田さんは、そういうの言わなそうだなと思って声をかけたんですけど、本当に言わなくて良かったです」

褒められているのかどうか分からない。

結局、全く自殺を止めてないのに、自殺を止めてしまうとは変な話である。

ちなみにだが、樹海散策をしていて自殺しようとしている人を見つけることもある。

僕は2人、Kさんは5人、結果的に命を助けている。

Kさんはすごく残念そうな顔で、

「いやあ、そんなこと言わずに死んでもいいですよ。僕と勝負しましょう!!」

とAさんに変な励ましをしていた。

結局、その日は新規の遺体は見つからなかった。

三人で談笑しながら、山梨名物のほうとうを食べて、帰路についた。

木の枝に布のようなものが絡まっていた

樹海の歩き方

ゴールデンウィークである。

コロナ禍だから人があまり密集する場所には行きづらい。

だが人と接しない場所に一人で自動車で行って、一人で帰ってくるぶんにはあまり問題はない。そこで候補にあがるのが青木ヶ原樹海である。

僕は青木ヶ原樹海の記事をよく執筆するので

「樹海へはどうやって行けばよいのですか？」

と聞かれることが多い。

「樹海は辺境の地にある」

と思っている人が多い。だがもちろんそんなことはない。富士山周辺は大きな観光スポットだ。富士急ハイランド、富士サファリパークと、大きな観光施設もあるし、富士五湖周辺にはキャンプ場やペンションなどの宿泊施設も多い。

東京から自動車で行く場合、中央自動車道を走り高速河口湖ＩＣで降りればすぐに富岳風穴まで行くことができる。渋滞に巻き込まれなければ2時間で到着する。意外と近いのだ。

関西からの場合は、新東名高速道路か東名高速道路で静岡県の富士市まで走る。そこから北上し、青木ヶ原の真ん中を走る17号線を突っ切って富岳風穴に到着する。大阪からだと約5時間で到着することができる。

念のため、電車やバスなど公共の交通機関で行く場合も書いておこう。

最寄り駅は河口湖駅だ。東京から向かう場合、一旦大月駅まで出て、そこから特急で向かうのが効率的だ。新宿駅から河口湖駅まで、約2時間で行ける。

東京からは高速バスも出ている。新宿からならバスタ新宿から、河口湖駅までの高速バスが出ていてこちらも約2時間で到着できる。河口湖駅の手前のバス停は富士急ハイランドで、遊園地に行く人もよく使う路線だ。

関西方面からは意外と行きづらく、一旦東京を経由した方が早く到着することができる。大阪からだと約5時間かかる。

河口湖に到着したらそこからバスを利用して、風穴または氷穴のバス停で下車する。バスは30分ほどかかるので、なかなかめんどくさい。行楽のシーズンだと結構混雑する場合も多いのであまりオススメできない。

富士山は東京と大阪の真ん中にドン!! とそびえているイメージだが、圧倒的に東京からのほうが行きやすいのが分かる。

「自殺スポット」としても、関東の人の方が具体的に感じているようだ。関西の人に話を聞くと、

「青木ヶ原樹海は聞いたことはあるけど、行ったことはないですし、なんか漠然としたイメージしかないです」

と言われることが多かった。樹海に関するイベントをしても、関東の方が集客がしやすかった。

ただ、富岳風穴の駐車場に乗り捨てられた軽自動車を見かけたことがあったのだが、大阪ナンバーだった。自動車はかなり長い間駐車場に放置され続けていた。冬は雪が積もり、タイヤの空気もすっかり抜けた頃、人目のつかない場所に移動された。

もちろん迷惑なので、そんなことはしないようにしよう。

ちなみに青木ヶ原樹海自体も大きな観光スポットだ。日本人は自然観察に来る人が多い。もし青木ヶ原樹海の遊歩道を歩きたいという人は、早めに到着した方が良い。季節にもよるが、森の中では16時にはかなり暗くなってしまうからだ。

コロナ禍でめっきり減ったが、それまでは外国人の観光客がとても多かった。欧米の人たちや、中国の人たちがわんさかと来ていた。青木ヶ原樹海は海外でも有名なスポットなのだ。

「スーサイドフォレスト（自殺の森）を観察に来た」

とニコニコ笑顔で話している人もいた。

あまり不謹慎だとは思っていないようだった。たしかに外国でそんなスポットがあるなら、ぜひ見に行きたいと思う。

実際、観光で来ている人が、自殺者を見つけることは少なくないそうだ。

樹海に行く際の目的地にする人が多い「森の駅 風穴」は2012年にリニューアルさ

れてとても綺麗になった。富士山モチーフのTシャツや山梨産のワインなども販売しているし、とうもろこしソフトクリームなどが食べられるフードコートもある。

観光スポット「富岳風穴」は実際に洞窟の中に入ることができる、体験型の観光地になっている。

有料の施設ではあるが、地下に広がる空間を歩いていくのはワクワクする。

洞窟の前半にはかつて天然の冷凍庫として氷を保存していた様子が再現された、氷柱がライトアップされている。

溶岩池や溶岩棚などの溶岩の地形を見ながら進んでいく。洞窟の最深部はかつて蚕の卵の保管場所として使われていた。平均温度3度と一年を通して涼しいという特性を利用して、蚕の成長をコントロールしていた。そんな事実を展示品と共に解説している。

富岳風穴と遊歩道でつながっている「鳴沢氷穴」もやはり洞窟の中に降りて観光することができるスポットだ。

氷の穴というだけあって、こちらも平均3度と寒い。階段を降りた所にはベンチが置いてあり休憩することができた。

洞窟の最深部には「地獄穴」と書かれた竪穴がある。説明書きには
「この穴は竪穴で、一歩足場を失うものなら二度と帰ることのできない危険な穴です」

と説明書きがある。みんなビビりながら、穴の奥の方を写真に撮っている。

先程も書いたが自殺者も一旦この駐車場を経由する場合が多いらしく、ボランティアの監視員が目を光らせている。

山登りをするコスチュームでかつ一眼レフカメラを持っていたりすると、特に何も言われない。

一度、同行者でよれた背広を着てきた人がいたのだが、ものすごい勢いで声をかけられていた。なんの権力があるのか知らないが、かなり強制的な物言いで
「なんのために樹海に来たの？　どこに行くの？」

と詰め寄り、つきまとわれていた。

人は自分が正義と思う行動をしている時には、越権しても気づかないらしい。プライベートなことを平気で聞いてくるし、撮影をストップするよう命令もしてくる。

理由を聞いても

「とにかくダメだ」

の一点張りで話にならない。話しかけられたくない、つきまとわれたくない、という人は山登りの格好をしてきたほうがいいだろう。

また、人の乗降が多いバス停は見張られている場合が多い。少し離れた場所に降りても、青木ヶ原樹海には入ることができるので適当な場所で降りて歩いて行くと良い。

ドヤ街

2

〜変わりゆく働く男の街

大阪のドヤ街・西成

知り合いの女性に頼まれて、大阪のドヤ街・西成をぐるり案内した。

西成には年に何度も来ているし、今でもよく泊まる街なので懐かしいという気持ちはわかない。

ただ場所の説明をしていると、初めて西成に来た頃のことを思い出してじんわりとノスタルジックな気持ちになってきた。

僕がはじめて西成に行ったのは１９９９年だった。初の単行本『こじき大百科』の取材のためだった。世間知らずの僕は、それまで西成という存在を全く知らなかった。

公園などでホームレスに話を聞いている時に、たびたび

「なんだお前は西成を知らないのか？　それでよくホームレスの取材をしているな」

と馬鹿にされて、存在を知った。

「定期的に暴動が起きていた」

「昼間から酒を飲んでいる人が多数いる」

「路上で普通に覚醒剤を売っている」

などというような、1999年当時としても耳を疑うような話を耳にした。

「これは行かねばなるまい」

と、すぐに足を運んだのだ。

新今宮駅で下車。国道43号線を超えると、街の雰囲気がガラッと変わった。小さい窓がたくさん並ぶドヤがずらり建っている。

たまたま真夏に訪れたのだが、道には半裸の男性がバタバタと倒れていた。オウム真理教の毒ガス事件を思い出して、

「なにか事件でも起きたのか？」

と思ったが、道行く人は誰も気にしていない。日常風景だった。

臭いも違う。抽象的な意味ではなく、本当に違う。歩いていると、たまに鼻にツンと刺激臭が刺さる。みんなが適当にそこいらで立ちションをしている。特に高架のトンネルなどからはひどい悪臭が漂っていた。

倒れる人たちの横を野良犬がウロウロと何匹も歩いていた。当時、野良犬は群れで存在した。警察署の横にある通称四角公園ではホームレスが野良犬を餌付けしていた。

ホームレスに話を聞いていて、

「なんだとこの野郎!!」

などとホームレスが大きな声を出すと、犬がザッと一斉に立ち上がって「ウー」とうなる。一心同体なのだ。そんな大量の犬に襲われたら絶対に勝てない。正直、暴力団の人と話をするよりも緊張した。

噂では小学生を噛んで怪我させたかで、駆除されたと聞いた。今でも他所の地域に比べたら野良犬は多いが、大半がヨボヨボのおとなしい犬だ。

「西成といえば暴動!!」

みたいなイメージがあるが、西成で頻繁に暴動が起きたのは1960年代〜1970

通称四角公園の正式名称は萩之茶屋中公園

年代の前半までだ。

80年代は起きず、90年、92年に二度起きた。

取材をした1999年はもう暴動から7年経っているのに暴動で焼け焦げたらしい自動車が放置されていた。

ちなみに最後に暴動が起きたのは2008年だ。暴動直後に取材に行ったが、道路のレンガが掘り起こされて穴が開いていた。レンガを掘り出して、警察署に投げ込んだ。この跡は今も残っている。対する警察は放水車を使って、暴徒を鎮圧。21世紀に起きた出来事とは思えず、ワクワクする。

西成の中心地といえば、通称三角公園。文字通り三角の形の公園だ。

初めて訪れた時は、かなり強いカルチャーショックを受けた。

公園の角には木材で建てられたボロボロのバラックが並んでいた。数人が集まって上を見上げているので、なんだと思ってみると、街頭テレビだった。街頭テレビなんて、父親の子供時代の思い出話でしか聞いたことがない。離れた場所から、

「丁か半か!!」

という威勢のよい声が聞こえてくる。

ドラム缶を置き、その上でサイコロを振っていた。ドラム缶の周りを取り囲んだ男たちは現金を賭けていた。

先程の西成警察署から歩いて数分のところで、あからさまなギャンブルをやってるんだからビックリしてしまった。

世界観としては『仁義なき戦い』っぽい。

丁半博打をしている公園を出て、近くの路地に入ると、椅子に座った人相の悪い人たちがジロジロとこちらを睨んできた。

その時は、なんだか分からなかったが、ノミ行為（違法ギャンブル）をしているお店らしい。警察がこないか、文句をつけに来るやつがいないか、見張っているのだ。ハリ屋と呼ばれていた。

西成の中心にある三角公園

三角公園の横にはシェルターと呼ばれる、ホームレスが無料で泊まれる宿泊施設があった。宿泊施設と言ってもベッドが並んでいるだけの、とても素っ気ない施設だ。

「蚤や南京虫が出てたまらんが、外よりはマシや」

とホームレスは体をボリボリ掻きながら話していた。

多くのホームレスは、ホームレスになる前はドヤに住んでいた。

ドヤというのは、宿(ヤド)の隠語だ。

ドヤ街というのは、つまりホテル街という意味だ。ただ、ホテルというより簡易宿泊施設という、最低限の設備しかない狭い宿だ。

取材を始めた頃は、一泊500円というおそろしく安い宿を中心に泊まって活動していた。一週間泊まって3500円だったので、貧乏人にはとても助かった。

当時、僕が一番長く泊まっていた500円の宿は、部屋を上下に二分割されていた。

「502上」みたいな部屋番号だった。

上の部屋で泊まる人は、ハシゴを登らないと部屋に入ることができない。当たり前だが天井は低く、部屋の中では立つことはできなかった。

冷暖房はあったが、館をまるごと冷やしたり、温めたりするので、自分の部屋では調整ができない。

冷気を部屋に引き入れるため、ドアを開けっ放しにしていると、

「おぇぇぇぇ!!」

とゲロを吐く声や、トイレやタバコの臭いが漂ってきた。

最低な環境なのになんかワクワクしたのを覚えている。

ちなみに今でもドヤに泊まるが、ホテル予約サイト「じゃらん」で予約することが多い。一泊1500〜3000円くらいの宿で連泊する。部屋やサービスに問題はないのだが、深夜1時くらいの門限で施錠してしまう宿もあるので注意が必要だ。

飲み会で遅くなって帰ってきたら、中に入れなくなっていたことがあった。仕方なく、近くのネットカフェに移動して、朝のドアが開く時間まで寝た。まことに馬鹿馬鹿しい出費だ。

二分割された狭い部屋の窓から外を見ると、路上に立つ怪しげな人たちが見えた。覚醒剤などの違法薬物を販売している売人だった。まだ少年に見える売人もいた。見つからないようにコソコソしているという感じではなく、堂々と商売をしていた。

当時は、路上にはたくさんの屋台が出ていた。手作りで作られたボロい屋台で、売っているのは安酒と、チーズ、缶詰などの保存がきく商品だけだった。実はほとんどの屋台が覚醒剤を販売していた。問題になって全部取り壊されてしまった。

「屋台でシャブ売ってるくらい普通やっちゅうねん。昔はドヤのカウンターでシャブ売ってたんやで」

と話を聞いたオッサンはなぜか得意げに言っていた。真偽のほどは分からなかったが、覚醒剤が非常に近くにあるのは事実だった。

西成にあるコンビニのトイレには

「便器に注射器を捨てないで」

という注意書きが書いてあったし、ごみ捨て場のポスターには「覚醒剤1パケ0・03g」と、売人が連絡先を書いていた。

今はここまであけっぴろげに、シャブを売る人は見られなくなった。かわりに、

「居酒屋で覚醒剤を売るな!」

という黄色と緑で書かれた怪しげな看板がいくつも出ている。なんとも不穏な雰囲気を

醸し出している。

話を聞くと、貸した物件で覚醒剤を売られたオーナーが反撃で看板を出したのだそうだ。

当時は覚醒剤だけではなく、様々な物を路上で売っていた。最も盛んだったのは、弁当やパン、おにぎりなどだ。もちろんまっとうに仕入れたものではなく、消費期限切れの廃棄品をなんらかのルートで手に入れて売っていた。弁当ならどれでも100円、パンおにぎりは2~3個で100円ととても安かったので、みんな奪い合うように買っていた。

初めて取材した頃は、金が全然なかったから当然お世話になった。お腹を壊したりすることもなかった。

当時はヘビースモーカーだったのだが、韓国から輸入してきたタバコを売る露店もあった。税金の差で安く仕入れることができるらしく、助かった。後から密造タバコもあったとも聞いた。日本のタバコとは味が少し違ったが、気になる程ではなかった。

露店ではゴミとしか思えないようなモノも、商品として売っていた。テレビのリモコン、自転車のカギ、鉄アレイ、日本人形、などなど。電気工具もたくさん売られていたが、働いている人が食い詰めて売ってしまったか、作業現場などで盗んで売っぱらってしまったかだろう。

「朝起きたら、道具一式がなくなってたんや。泣く泣く買おうと思ったら、露店で自分の一式をそのまま販売してた。悔しかったわ」

なんて話も聞いた。

裏ビデオも売っていた。

ケースにＶＨＳのビデオをズラッと並べて売っていた。一本１０００円で買うことができるのだが、またその露店に持っていけば５００円で買い取ってくれる。セルとレンタルの間のようなシステムのお店だった。

何本か見てみたが、ダビングを重ねてだいぶ劣化した映像だった。当時愛用していた人に話を聞くと、中には〝当たり〟の作品もあったらしい。

裏ビデオの販売はＤＶＤに移行したあとも長く続いた。裏ビデオは独自に作っているものではなく、インターネットのモザイクがない作品を無断でダビングしている物が増えた。エロだけではなく、普通の作品も売っていた。映画やアイドルのビデオなどを違法ダビングして販売する店がいくつもあった。かなり取締が強化されて、今では見なくなった。

そんな、西成の一番のランドマークが、あいりん総合センターだ。13階建ての巨大な建物で威圧感もある。

一階部分は「寄せ場」になっていて、多くの日雇い労働者が仕事を求めてやってきていた。1960年代のセンター前の写真を見ると、何百台という自動車が停まっていた。全部日雇い労働者を運ぶための車だ。

1999年は、もちろん今よりは日雇い仕事はあったが、それでも並んでいた自動車は数台だった。日雇労働者が集まる場所というよりは、ホームレスが集まる場所になっていた。

一階部分には、炊き出しの順番取りのためにズラーッと荷物が並べられていた。

夏の暑い日でも館内は空調が効いているわけではないが、屋根があるぶん外よりは過ごしやすい。

二階に登ると、段ボールや新聞を敷いて寝ている人が何十人もいた。中には上半身裸、パンツ一丁の人もたくさんいた。トイレに行くと、全身裸になった男性が、石鹸で身体を洗っていた。

センターの前には酒の自動販売機があり、カップ酒をあおっては泥酔していた。みんなに酒をせびっていた男が、誰もがシカトをするのに腹を立て
「おいこら!! 俺は天皇陛下の息子や!!」

と怒鳴っているのが印象的だった。

とにかく、みんなしとどに酔っていた。

あいりん総合センターは２０１９年に閉鎖された。すぐに取り壊されると思っていたが、未だに建っている。

センターの周りは、労働運動系のバスが停められていたり、おびただしい量のゴミが捨てられていたり、閉鎖前よりも剣呑な雰囲気になった。

案内した女性は
「ここが、一番すごいですね!!」

と喜んで写真を撮っていた。

僕が西成に来はじめた頃の雰囲気が少し垣間見えたような気がして楽しくなってきた。

「西成も大人しくなった」
「普通の街になった」

と言う人もいるけれど、でもやっぱり普通の街とは違う。

いつかはセンターも取り壊され、街には新しい建物が建ち、ドヤ街だったという記憶も失われる日も来るだろうが、その日はとりあえず明日ではない。

その日が来るまでは、大阪に行った際は、だらだらと西成で過ごしたいと思う。

東京のドヤ街・山谷

僕が山谷に初めて足を運んだのは1999〜2000年の頃だ。行く前にドヤ街・山谷の噂は耳にしていた。特に山谷が舞台の『あしたのジョー』の印象はとても強かった。

電車を乗り継ぎ南千住駅で降り、そこから歩いて泪橋に向かった。〝荒っぽい人たちがたくさんいる騒々しい街〟というイメージで足を運んだのだが、正直拍子抜けしてしまった。まずほとんど人がいなかったのだ。山谷の中心である泪橋交差点でしばらくたたずんでいると、たまに老人がよろよろと歩いていった。ぱっと見、お店もほとんどやっていない。話を伺うと、

「昼はこんな感じだよ。山谷は日雇いの街だから、早朝やって一旦しめちゃうトコが多いんだ」

とのことだった。西成なんかは昼間もそれなりににぎわっているから、ちょっと意外だった。

ただそれでも街を歩いていると、営業している店もあった。吉野通り沿いには、立ち食いの寿司屋や焼き鳥屋があり7〜8人の人だかりが出来ていた。

後から知ったのだが、当時はノミ行為の窓口にもなっていたという。実際に、2〜3年前にお店で働いていた人から直接聞いた。

「ある日、警察がやってきて逮捕されちゃったんだよ。ものすごい数の警察官が来ていて、なぜかテレビ局も来てて、顔がテレビに写っちゃった。娘から『恥ずかしくて外歩けない』って言われちゃったよ」

と笑っていた。当然だが、今はノミ行為はやっていないと言っていた。

『あしたのジョー』は山谷が舞台であり、山谷のキャラクターとしても採用されているのだが、漫画に出てくる風景は山谷にはなかった。

矢吹丈と丹下段平が出会う玉姫公園は、グランドは高いフェンスで囲まれて中に入れないようになっているし、公園の入り口には監視強化中などとデカデカと文字が書かれていた。玉姫という可愛らしい名前は、あまり似つかわしくない不穏な雰囲気だ。

公園内には、たくさんのホームレスが住んでいた。街中の公園は住んでいると警察に追い出されることが多いが、ここは見逃されているようだ。テントもいくつか張られている。

朝方に公園にうかがうと、備え付けの施設で将棋を指す人がたくさんいた。みんな真剣な眼差しでパチリパチリとやっている。そっと見ていると、

「兄ちゃん、一局打たないかい。いつもおんなじ相手だから飽きちゃうんだ」

将棋を指す人をよく見かけた

と誘われた。残念ながら僕は将棋を指せないので断ったが、とても残念だった。将棋をしているホームレスは案外多い。小学校の時、覚えておけばよかったな～と今更後悔する。玉姫公園のホームレスは非常に気が荒いタイプの人が多かった。話を聞いていて、怒鳴られたり、絡まれたりすることも多かった。

ただ粘り腰で何分も話を聞いているとボチボチ答えてくれるようになった。

「職人時代はアラブ諸国に出張して働いていた時もあったけど、正直日本のほうが暑いね。アッチはカラッとしてた」

なんてワールドワイドな話も聞かせてもらえた。

山谷にもセンターと呼ばれる施設がある。西成や寿町（横浜）のセンターに比べるとずいぶん小さい、小ぶりなビルだ。「公益財団法人 城北労働 福祉センター」が正式名称だ。福祉相談、医療相談などをしているし、建物の前で炊き出しをやっていることもあった。

営業時間内は建物内は解放されて、ホームレスたちがくつろいでいた。車座になって話しているホームレスに話を聞く。

「オリンピックの頃が一番景気が良かった。それ以降はダメだ」

「山谷を離れて隅田川のテントを張って暮らしてるが、暇な時は山谷に顔を出している」などとめいめいから話を聞いていると、真後ろから
「おめー！　俺の悪口言ってるのか！　ああ⁉」

と大声が聞こえてきた。どうやら僕に向かって怒鳴っているらしい。ビビって振り向けないでいると、ゴソゴソとカバンをあさる音がする。

先ほどまで僕が話を聞いていたホームレスたちが、僕の後ろの人に向かって
「やめろ！　そんなもん出すな！」

などと口々に怒鳴っている。どうやら刃物を取り出したらしいというのはわかる。

逃げなければ、でも下手に動いたら刺されそうだな……とも思う。「どうしたらいいんだ〜‼」と緊張していると、営業時間終了のチャイムが鳴った。ふっと弛緩した雰囲気になったので、そのまま慌てて外に飛び出した。振り向くと50代くらいの男性は、案の定包丁を握っていた。

山谷で刃物を向けられたのはその一度ではなかった。明治通りを歩いていると60歳前後の分かりやすいホームレスな男性に話しかけられた。服は汚れて真っ黒、手にはコンビニ

の袋を持っている。

「すまん時間を教えてくれる？」

と聞かれたので、携帯電話を見て時間を教えると「ありがとう、ありがとう」と何度も感謝された。

そのうち
「今後、お前になにかあったら、俺が守ってやるからな、これでな!!」

というと、ビニール袋の中から果物ナイフを取り出した。

「お前になにかあったら、俺が守ってやるから!!　こうやって!!　こうやって!!」

と言いながら、果物ナイフをブンブン振り回す。「あ、あの危ないですよ」というと、

「なんだと？　なにが危ないんだ!!」

と言って、僕に喧嘩腰になってきた。守ってくれるどころか、攻撃してくるのかい。ギャーギャーギャーと怒鳴ってきたので、ほうほうの体で逃げ出した。結構酔っ払っていたみたいなので、本気で走ったら逃げ切れた。

他にも歩いていたら急に抱きつかれてキスされたこともあった。

今更ではあるが、ドヤ街に行くときはそれなりの心構えをした方が良いだろう。

何度かドヤ（宿）にも泊まったことがある。2000年頃には、すでに外国人や日本人旅行者のために新しいドヤが建てられていた。「畳敷きの狭い部屋を安く借りられる」というのは今までのドヤと一緒だったが、とてもキレイな近代的なビルで〝ドヤ〟という雰囲気ではない。どう見ても、ホテルだった。

外国人観光客はもちろん、女子高生たちが部活動の宿泊場所として利用していたのも見た。ドヤ街を女子高生の集団が歩いていく姿は、なんとも新鮮だった。

ただし僕はもっと安いところに泊まった。

最安値だという1000円の宿に泊まると、四人部屋だった。二段ベッドが二台並んで入れてある部屋で、真っ黒に日焼けしたおじさんたちがグーグーと寝ていた。壁にはヘルメットや安全帯がかけられている。汗の臭いとイビキに悩まされて、なかなか眠れなかったのを覚えている。

3000円ほど出せば、普通のドヤを借りることができた。部屋はキレイではないが、絶望するほど汚くはなかった。西成の相場に比べるとずいぶん高かったが、それでも普通のホテルに比べれば安い。

当時僕は新宿区に住んでいたので、山谷まで来るのは大変だった。だからドヤに泊まって数日間連続して取材をしたものだ。

山谷には「いろは会商店街」という大変長い商店街がある。1970年代の写真を見ると、ずいぶんにぎわっているが、現在はシャッターを閉じた店が大半の寂しい商店街だ。

入り口あたりにはボランティア団体があり、たまに炊き出しをしている。

アーケードがあって雨風に当たらずにすむためか、ホームレスが布団を敷いて寝ているのが目立っていた。

昔は商店街の入り口に酒屋とお酒の自動販売機があり、そこで酒を飲んで泥酔している人が多かった。ワンカップを飲んでは、床にコップを叩きつけて割るのでそこら中ガラスだらけだったこともあった。

そのあたりではホームレス同士、花札をやっている姿もよく目についた。話しかけたら、「殺すぞ‼」と恫喝された。

近くには〝マンモス交番〟と呼ばれる、大きめの派出所があるのだが基本的にホームレスが何をしようと無視しているようだった。

　僕が足を運んでいた頃は、山谷で一番めんどくさい場所だった。ただ、かなり前に酒の自動販売機はなくなったし、2018年には商店街全体のアーケードも取り外してしまった。その結果もちろん商店街で寝るホームレスは減ったが、陽光にさらされたシャッター商店街はなんだか、以前にも増して白々しいような雰囲気になっていた。

　ちなみに、この商店街を抜けたところには、ソープランド街の吉原がある。吉原に来たものの、お店がどこにあるかわからない!!　という人が結構いた。山谷を取材しているとよく、

いろは会商店街ではあしたのジョーをよく見かける

「吉原どこにあるかわかりますか？」

とソープランドに行きたい本人や、タクシーの運転手などに道を聞かれた。

少し脱線するが、ドヤ街の近くには、風俗街がある場合が多い。まず今言ったように、山谷の近くには吉原がある。

そして、大阪のドヤ街西成の近くには、ちょんの間の飛田新地がある。筋に入ると、ズラリと和風の店舗が並んでいる。一階には、着飾った女の子が座っており、直接指名して〝買う〟システムだ。買ったら、二階へ行き、即本番行為をする。時間は20分と短い。だから〝ちょんの間〟と呼ばれる。

本番行為をするのだから、売春禁止法に抵触するのではないか？　と思うだろうが、一応言い訳はある。一階は料亭で、女の子は仲居であり、「料亭に来たら、女の子と自由恋愛に落ちて二階でセックスをした」という体なのだ。もちろん無理すぎる話なのは、誰もが知っている。

そして横浜のドヤ街寿町だが、寿町から10分ほど歩くと関内駅に着く。関内駅から16号線を西に進んだ場所は、日本でも有数のファッションヘルス地帯だ。大手グループ会社の風俗ビルもいくつも建っているし、裏通りも風俗店だらけだ。

そして、寿町から徒歩20分のところにある黄金町はかつてはちょんの間の町として有名だった。主に外国人の女性が立って客を引いていた。

名古屋の笹島は今はドヤ街としては消滅しているが、もともと名古屋駅の西にあった。名古屋駅の太閤通口という出口から出て歩けば、少しだけその面影を感じることができるだろう。

そして名古屋駅西口も風俗がたくさんある。ファッションヘルス、出会いカフェ、マッサージ店などが並んでいる。東京にはほとんどなくなった風俗ビルもいまだに建っている。

どのような理由からかはハッキリとは言えないが、ドヤ街から徒歩圏内の場所には、風俗街があるのだ。

日雇い労働者で風俗を利用する人は少なくなかったし、

「毎日、風俗行っていたら、ホームレスになっちゃいました」

と語る人は何人もいた。

彼らの特徴は、ホームレスになっているのに悲壮感がないのだ。

「いや〜気持ちよかったね。もう一回人生あってもたぶん同じこと繰り返すね」

とか言ってるのである。

「我が生涯に一片の悔い無し」

というところなのだろうか。

閑話休題。

ここまでは、昼以降の山谷について語ってきたが、本来ドヤ街として一番機能するのは早朝だ。

5時頃に山谷に来ると、泪橋交差点を中心に、464号線と306号線（明治通り）沿いに、バンがズラッと並んでいた。そして、日雇い労働者が仕事をもらうために並んでいる。

僕が取材した頃には、すでにずいぶん日雇い仕事は減っていたが、それでも10台以上は自動車が並んでいた。

労働者を集めるのが仕事の手配師たちが
「現金あるよ？　現金あるよ？」

と労働者たちに声をかけていた。なんと僕にも声をかけてきた。

手配師が、顔見知りでない人を仕事に誘うということは、かなり労働者が不足していたのだろう。２０００年代初頭までは、ドヤ街として機能していたのだ。

早朝にそれだけ道路沿いに人が集まるため、飲食店もそれに合わせてオープンしていた。昼間に訪れるとシャッターがおりていた喫茶店も、早朝には多くの客でにぎわっていた。お弁当屋さんでお弁当を買う人もいる。

玉姫公園の周りでは「泥棒市」と呼ばれる市が出ていた。盗んできたような物も売っているから、そう呼ばれている。食べ物を売っている人、軍手やタオルなどの仕事で使う物を売っている人、ワゴン車で来て服を大量に売っている人、人形やらリモコンやらガラクタを並べて売っている人、エロ本やＤＶＤを売っている人、などなどだ。

昼以降では感じることのできない活気がそこにはあった。

まだ太陽の昇りきらない薄暗い中、せっせと活動している人たちと共に過ごしていると、なんだかファンタジーの世界にいるような気持ちになったのを覚えている。

それからも定期的に山谷には足を運んでいたのだが、ここ数年は行っていなかった。

特に、早朝の山谷にはもう10年近く行っていなかったと思う。

そんな折、久しぶりに山谷取材の協力依頼がきた。依頼主はドイツのテレビメディアで、日本の貧困を取材しているという。通訳兼コーディネーターはイタリア人の女性で、彼女は日本の事情に非常に詳しかった。「労働者が仕事に行く様子を取材したい」と言われたのだが、正直難しいなあと思った。

「山谷という場所がかつては寄せ場という、日雇い労働を斡旋する場所になっていたのですが、現在はどうなっているかわかりません」

と正直に答えた。それでも取材したいというので、早朝にテレビクルーと山谷に向った。さすがに減ってはいるだろうが、全くなくなってはいないんじゃないか？　とも思っていた。

しかし、泪橋交差点周辺の明治通りにも吉野通りにも、一台の車も停まっていなかった。そして、労働者を探す手配師の姿も、仕事を探す労働者の姿もなかった。歩いている人に話を聞くが、「もうやってないと思うよ」という答えしか返ってこなかった。

ただ「センターで日雇い労働者を募集してるよ」と言っている人がいたので、向かってみる。確かに仕事は募集していた。ただし特別清掃と呼ばれる、街中を清掃してお金をもらう、昔からある公共の仕事だった。いわゆる日雇い労働とは少し違っていた。

僕が少し目を離したうちに「日雇い労働の街」としての山谷は、完全に終わっていたんだなと寂しい気持ちになった。

ドイツ人クルーには申し訳ないことをしたと思い、一同で玉姫公園に向かってみた。もう日雇い労働がないのだから、泥棒市も終わっているだろう……と思ったのだが、なんと泥棒市は開催されていた。公園の周りにいくつも露店が出ている。昔に比べたら、数は減っているがそれでも何件もお店が出ている。

トマトとおにぎりを売っているおばちゃんは、イタリア人通訳と話があっていた。はるか昔、ヨーロッパ巡りの旅をしたことがあるそうだ。服を売っているお店、主にエロいDVDを売っているお店、キーホルダーやらなにやらガラクタを売っているお店、と昔とあまり変わらないラインナップだった。

公園の周りには、老人がたくさん座っていた。目が真っ赤で酒臭い人もいた。

話を聞くと
「生活保護で近くのアパートに住んでるよ。まあ特にすることないから、部屋でテレビ見て、酒のんで。朝はこうやって公園来てるね」

と言っていた。周りも同じような人たちだった。ドイツ人のテレビクルーが話しかけると、逆に「どこの国から来たんだ？」と質問を受けていた。少しだけ日本語ができるドイツ人スタッフが「ドイツです」と答える。すると酔っ払って目をはらした老人は右手を上げ、

「ハイル・ヒトラー!!」

と大声で言った。周りの人らはゲラゲラ笑っていた。ドイツ人全員の顔に、苦笑いが浮かんでいた。国際的な苦笑い……なんとも恥ずかしくて見ていられなかった。

ガイドの人が、

「私はイタリア人ですよ」

と言うと、

「そうかねえちゃん!!　なら日独伊だ!!　日独伊!!　味方だ!!」

とものすごく楽しそうに笑っていた。たしかに老人ではあるがせいぜいいってて70歳だ。生まれた時には第二次世界大戦は終わってるのに、なんで今さら三国同盟を大事にしてる

んだ？　と思う。

玉姫公園に行くと、朝からすでに将棋がはじまっていて、みんなパチンパチンと打っていた。ちょっと入り方を失敗すると、話を聞かせてくれないこともある山谷の人たちだが、外国人というのが珍しかったのかインタビューにも素直に答えてくれているようだった。

とても困ったスタートではあったが、それでも結果的には日本の貧困問題を取材をすることはでき、僕はめでたくお役御免となった。

僕が初めて足を運んだ時にすでに山谷は「全く元気のなくなった街」といわれていた。その頃はまだ「日雇労働」という、街を動かすエンジンはかろうじて動いていたのにもかかわらずである。

そして現在の山谷は、すでに完全にエンジンはストップしてしまっている。

街に集う人たちは〝ずっと街にいたから〟という理由で山谷にい続けているのだと思う。早朝の泥棒市も、ドヤも、本来の意味はなくなっているが、それでも今も動いている。

山谷は、高度成長期、旧東京オリンピック景気があった時代の残滓、幽霊を感じることができる希少な街なのだ。

横浜のドヤ街・寿町

久しぶりに横浜のドヤ街、寿町に向かう。

東京の山谷や、大阪の西成（釜ヶ崎）はいわば愛称だが、寿町は実際の地名だ。

正確には寿町の隣にある、松影町にも簡易宿泊施設は多く建っている。両方を合わせて、寿町と呼んでいる感じだ。

多くのドヤ街は繁華街にあるが、寿町も例にもれず横浜の名所である、山下公園、横浜スタジアム、中華街、港の見える丘公園などのほど近くにある。

最寄り駅は石川町駅で、駅から歩いてすぐなのだが、高速道路と中村川で寸断されていてなぜか毎回道に迷ってしまう。

隔離されているわけではないのに、どこか隔離されているような雰囲気がある。

横浜はオシャレな街並みが多いのだが、寿町はそうでもない。寿町の簡易宿泊施設は比較的大きなビルが多く、ズラリと並んでいる。まるでベクシンスキーが描く世界のよう……は言い過ぎかもしれないが、どうにも沈鬱なムードが漂っている。

僕が取材していた10年以上前頃は、道路のあちこちに大きく破損した自動車が停めてあった。おそらく自動車修理工場が勝手に停めていたのだと思う。列をなす事故車は街に凄惨さを付加していた。

ドヤはつまりホテルだから、宿泊サイトで予約できる場所も多いのだが、寿町のドヤはほとんど見つからない。

過去に泊まった時には、一軒一軒回って交渉したのだが、非常に冷たい対応で、野良犬のように追い払われた。

やっと見つけた泊まれるドヤもかなり状態が悪く、畳に穴が空いていたし、枕には目視できるほど大量のシラミが湧いていた。

そんな布団では、横になる気になれず、じっと体育座りして時間を潰したのを覚えている。

簡易宿泊所が軒を連ねるいつかの寿町

ドヤ街全般に言えることだが、そもそも簡易宿泊施設ではなくなっている施設も多い。ホテルではなくアパートにしてしまう。

住人の多くは、生活保護を受給しているので、家賃のとりっぱぐれがない。「ドヤ街は今や福祉の街」と言われることが多いが、悪い言い方をするならば「貧困ビジネスの街」だ。ドヤは室数がやたらに多いから、生活保護受給者でいっぱいにすれば、かなりの額が入ってくる。ホテルと違って、施設のグレードを保つ必要もあまりない。

以前はノミ行為の店が多かった。寿町のノミのお店は、恥じらうことなく堂々と営業していて、驚いた。

例えば違法ゲーム機の店は、『ポーカーゲーム』などと普通に看板を出して営業していた。

お腹が空いて、適当に定食屋に入ったらズラーっとブラウン管テレビが並んでいた。公営ギャンブルの中継やオッズが映し出されていた。当然、スポーツバー的なものではなく、その場で賭けることができたようだ。

裏路地をゆくと、堂々とノミ行為をしているお店もあった。外に向けてブラウン管テレビを並べ、オッズをはり出している。おそらく負けて全財産を失ったのであろうオジサンが青い顔でフラフラと歩いていくのをよく見た。

そういう裏ギャンブル系のお店は昔に比べると、減った。ひょっとしたら、より地下にもぐっただけなのかもしれないが。

ちなみに寿町にはボートレースの場外舟券場がある。合法的にギャンブルができるのに、なぜわざわざ裏ギャンブルをするのか理由はよく分からない。

通りから見えるところで闇ギャンブルが行われていた

街には酔っ払いがよく歩いている。

これはドヤ街ならどこでもなのだが、フラフラとジイさんがさまよっている。ただホームレス生活をする人の数は少なかった。

山谷、西成も実は街の中にはさほどテントは張られていない。とは言え、公園の中にいくつかは張られているし、段ボールを敷いて青カン（野宿）している人もいる。

しかし寿町ではそういう人を見かけることもほとんどなかった。

そのかわり、中村川の欄干にズラッとテントが並んでいた。川のほうにせり出す形で作られたテントもあり、川に落ちてしまいそうでヒヤヒヤした。どれもビッチリと、頑丈に欄干にしがみつくように建てられていた。

彼らのテントを見させてもらうと、岩と同化して生きる甲殻類、フジツボを思い出した。

しかしかなり前に徹底して排除された。

現在、寿町内のどこにもテントを建てさせるスキはなく、公園なども時間制限制でキチンと管理されている。

寿町は3年ぶりに訪れた。

街の雰囲気は変わっていないが、少しだけキレイになっているように感じた。フラフラと歩いている人も減ったようだ。一番変わったのは、街の中心にある〝センター〟が新しくなったことだった。

以前は、「寿町総合労働福祉会館」、通称センターと呼ばれる大きなビルが建っていた。夏にはフリーコンサートが開かれ、その時期だけは、若い人たちも大勢集まってきて、街の雰囲気も明るくなっていた。

旧センターは昭和49年に建てられた古いビルだったため、耐震性の問題があり取り壊されてしまった。ちなみに西成のセンターも閉めてしまったが、まだ取り壊していない。

当時はビルの周りには、労働者や、老人や、ホームレスが座っていた。

僕はホームレスの取材で寿町を訪れることが多かったから、センターの周りで話を聞くことが多かった。

センター内にいた路上で生活しているとおぼしき中年女性に「ちょっとお話伺ってもいいですか？」と声をかけると、

「ぎゃー!!　ぎゃー!!　ぎゃー!!」

と、叫び出してしまった。

慌てていると、2～30代の若い人たちに囲まれてしまった。彼らが野宿生活をしているのかどうか、聞く余裕はなかった。ただ、ホームレス相手に貧困ビジネスを持ちかける人も少なくないため、しっかりした若者で自警団を結成したのかもしれない。

拳を目の前に突き出され、

「なめてたら殴るぞ!!　コラ!!」

と脅かされた。

僕は話しかけただけで、何もしていなかったのだが、女性はこちらを指差して叫び続けている。怪我をするのは嫌だったので、とにかく謝り続け、相手の怒りが少し冷めた頃にそそくさとその場を後にした。

寿町は喧嘩も多く、目に青たんを作っているホームレスなどもちょくちょく見かけた。野宿者取材をするのにとても緊張感のある街だった。

そんな思い出のあるセンターは取り壊され、最後に来た時は、センターの空き地に芝居小屋が建っていた。

今回、久しぶりに訪れると新しいセンターが建っていた。名前は少し変わって「横浜市寿町健康福祉交流センター」になった。入り口には「銭湯」というノボリが出ていた。二階には一般公衆浴場があって470円で利用することができる。もちろん基本的に誰でも利用できる。

他にも、診療所、精神科デイ・ケア施設、作業室、調理室、多目的室、など様々な施設が入っている。

一階にはラウンジと図書コーナーがあり、多くの人が利用していた。以前来た時より、街をふらついている人が減ったように感じたが、センター内で休んでいるのかもしれない。日雇い労働者はほとんどいなくなったが、それでも「アブレ手帳受付」の窓口も併設されていた。素直に、住人思いの良い施設になった、と思う。

センターは新しくなったが、センターの近くにある飲み屋などは、昭和の雰囲気だ。噂では違法の賭場もまだあるとか。レトロ趣味な人が遊びにきても楽しめると思う。

ただ、喧嘩には巻き込まれないように、十分注意してほしい。

韓国のドヤ街・ヨンドゥンポ

僕は旅行の際、交通費と宿泊費はなるべく安く押さえたいと思っている。

もちろんなるべくお金を節約したいというのが一番の理由だが、もうひとつ理由がある。安いホテルに泊まると、記事になりそうなネタが転がっていることがあるのだ。

韓国のソウルに泊まる時には、ヨンドゥンポ（永登浦）という街に泊まるようにしている。ソウルのど真ん中にあるヨンドゥンポ区は、日本でいうところの、新宿の繁華街歌舞伎町と大阪のドヤ街西成を足してマッコリで割ったような雰囲気の街だ。

小さい工場や廃品回収業などが並ぶエリア、飲食街やモーテルが並ぶ繁華街エリア、職安と安宿が並ぶドヤエリアなどに分かれている。

ヨンドゥンポ駅はかなり大きい駅で、目の前にはロッテ百貨店などの大型商業施設がある。いかにも大都市なのだが、駅前ではキリスト教のコンサートが開かれたり、食い詰めた人のために炊き出しが開催されたりしている。

日本で開催されるホームレス向けの炊き出しも、韓国系のキリスト教団体が開催している場合が多い。ヨンドゥンポ駅前で開催されたキリスト教のコンサートを見ていたら、歌を歌う女性に向かって、上半身ハダカで入れ墨を入れたヤクザっぽいオジサンが熱心にお祈りしているのが印象的だった。

小さな工場や商店、定食屋が並ぶような通りは味があって良かった。戦後のバラックのような乱雑な雰囲気が残っている。看板は色が抜けているし、あらゆるところがサビている。風が吹くと土埃が舞い、街全体が煤けている。

路上には豚の顔の皮や内臓を茹でたものがザルに入れられて置かれていた。窯からは白い湯気がもうもうと出ている。こういう店では「牛の骨付きのでかい肉を鍋に突っ込んで唐辛子で煮ただけ!!」みたいなおそろしく乱暴な飯が出てくるが、これがすこぶる美味い。でも半日後くらいにすげえお腹が痛くなる。おそらく唐辛子のせいなのだが、海外の屋外でお腹が痛く

入れ墨のハダカでお祈りはインパクト強い

なるというのはとても怖いことなので最近はあまり食べないようにしている。

日本で言う「ちょんの間」があるのもこの街だ。

ガラス窓の向こうに、セクシーな服を着込み、高いヒールを履いた女性たちが手招きしている。日本でもそうなのだが、ちょんの間の女性はレベルが高い。直接見てから選ぶので、容姿が良くないと生き残れないのだ。

最近ではいなくなったように感じるが、ちょんの間の近くの通りを歩いていると、たちんぼをしている女性をよく見かけた。

たちんぼは、フリーランスの売春婦である。日本だと新宿歌舞伎町のハイジア周辺が有名なたちんぼスポットだった。日本の場合、基本はただ立って声をかけられるのを待ってるだけだが、韓国のたちんぼはとても積極的だった。歩いていたら、太っていた人に突然抱きつかれ

路上で調理されているシンプルな料理

て、

「ホテルに行くよ!!　60000ウォンだよ!!」

と言われて、ほうほうの体で逃げたことがあった。

たとえばそういう街娼を買ったとして、連れて行くホテルもある。

宿泊施設には、日本の温泉マークが描かれている場所が多い。ハングルの表記では〝モーテル〟と書かれているのだが、自動車を停める場所はなかった。

ほぼ売春用のラブホテルだが普通に泊まることもできる。2～3000円で使えるのでまずまず安い。

もちろん安いなりのクオリティーだ。よく泊まるモーテルの一室には、床に足跡のような茶色いシミが点々と残っていてとても気味が悪かった。

ちなみに温泉マークがついているけど、湯船はまずない。トイレの隣にシャワーがボンッとついている感じだ。トイレは基本的に紙が流せないので、尻を拭いた紙は備え付けられたゴミ箱に捨てる。流すと詰まっちゃうこともあるので注意だ。

安く使えるのでとても便利なモーテルだが、ヨンドゥンポにはより安いホテルがある。

いや、ホテルというよりは、日本のドヤに近い。

ヨンドゥンポ駅を出て西に進むと、すぐに雰囲気が変わる。

道端で車座になって座りマッコリを飲みながら大きな声で話しているオッサンたちがいたり、道の真ん中に大の字になって寝ているオッサンがいる。歩いているとガシャーンとガラスが割れる音が聞こえてきた。炊き出しが開催されていて、ズラリと列ができている。

日本のドヤ街そのものの雰囲気だ。

韓国を旅行している時、日本人だからと言って暴言を吐かれた経験はほとんどないのだが、さすがにココでは何度か怒鳴られた。

「チョッパリがこんなとこ歩いてんじゃねえ!!」

と、酔っ払ったジジイが叫んできた。

ただまあ、ドヤ街を歩いてたら怒鳴られてもしかたないよな、と思った。

韓国の一番人気の宗教はキリスト教だと書いたが、ヨンドゥンポの街の中にはやはり堂々とキリスト教会が建っていた。ただ、実は日本のドヤ街にもキリスト教会はたくさんある。貧しい地域に教会を建て、ほどこし信者を増やしていく、というのがキリスト教の

〝生態〟なのだろう。

しかしやはりキリスト教の本場はすごい。壁にドーンとキリストの絵が描いてあった。なぜか、めちゃくちゃブサイクなのである。小太りで麻原彰晃のような見た目のキリストが、泣きながら病気の人を抱いている。

隣には、羊の群れの中に立つリアルなキリストの絵も描かれていて、差がエグい。

そして、日本のドヤ街と同じく安宿がたくさん並んでいる。モーテルよりさらに安い、旅人宿という宿泊施設なのだが、

「これ、本当に宿なの？」

とビックリするほどボロボロの建物だ。

入り口はベニヤを張り合わせて作ったようなバラックである。おそるおそる中を覗くと、部屋がズラリとならんでいる。ドアは開けっ放しになっていて、扇風機が回っているのが見えた。

昔は、コンテナを積んだだけというとてもワイルドなドヤもあった。いつか泊まりたいなあと思っていたが、今年行ったらもうなくなっていた。とても残念だ。

旅人宿の壁には、絵が描かれているところが多い。韓国ではスラム街の建物に絵を描いて、アートの街にするのが流行っている。高山にあるスラム街、タルトンネでも建物や塀に絵が描かれていた。

中には日本語で「あいしてる」と描かれたものもあった。その絵には、長靴をはいた猫が、ネズミの風船を持って散歩しているシーンや、絵本っぽい惑星や宇宙船が描かれてた。絵でなんとかボロさをごまかそうとしているのかもしれないが、ごまかしきれてない。しかし日本の大阪のドヤ街西成の簡易宿泊施設に比べるとかなりレベルが落ちる。そもそも何も知らずにココに来たら、これらの施設が宿だとは気づかないだろう。

僕をこの場所に連れてきてくれたのは、実話誌時代に担当してくれていた朝鮮半島マニアの編集Tさんだ。

Tさんはほとんどの場合、事前に宿をとらない。現地で安そうなホテルを探して泊まる。僕としては、日本人ではなかなか泊まれない場所に泊まれて、かつ安いので大変ありがたい。一つ困るのは、飛行機内で入国カードを書くときだ。「滞在先の住所」の記入欄がある。Tさんに

「そんなの適当に書けば大丈夫」

と言われたので「ＨＯＴＥＬ ＡＭＥＲＩＣＡ」と書いたら「そんなホテルはない」と入国審査の時にえらく揉めた。最近は、日本にいる間に「ソウルで僕が泊まりそうなホテル」をあらかじめネットで探し、メモっておいて入国カードに書くようにしている。そのおかげで、すんなり入国できているが、

「泊まらないホテルを探してるくらい無駄な時間はないよなあ」

といつも思う。

せっかくならボロく安い旅人宿に泊まってみたいと思い、Ｔさんに交渉してもらった。看板は剝がれてしまってほとんど読み取れないが、ハングルで旅人宿と書かれている。声をかけると中からメガネで小太りの真面目そうなオジサンが出てきた。

「売春婦は連れ込まないこと」

というのが唯一の条件だった。値段は１００００ウォン（約１０００円）ととても安いのだが、「値段相応かも……」と思えてしまうほど、ボロい外観だった。

ただ宿の中に入ってしまうと、逃げ出したくなるほどは汚くはなかった。

案内された部屋を開けると、なんだか少女っぽい雰囲気の部屋だった。壁はピンクに塗られていて、布団はピンクのバラの柄だ。なんでピンクを選んだんだろう？

もちろんクーラーはなかったが、扇風機とブラウン管のテレビが置いてあった。

「まあ寝るだけなら問題ないな」

と思った。ただピンクの壁に「元々ドアだった場所を塗り込めた」ような場所があってとても気になった。元々はここから外に出れたのか？　それとも土間だった場所を部屋にしたのだろうか？

とにかくその日はくたくたに疲れていたので眠りたかったが、がんばって風呂に入ることにした。汚い共同風呂なのだが、誰が使ったのかわからないタオルや歯ブラシ、カミソリが散乱していた。「うへ〜」と思いながらシャワーをひねったが、いくら待ってもお湯はでなかった。夏場だが水は冷たかった。「ひゃ〜」と情けない声を出しながら、水で身体を洗った。

部屋に戻ってきて、寝ようとしたら、先ほどの小太りの主が部屋にやってきた。ビール一本とかっぱえびせんをご馳走してくれた。１０００円の宿でそんなサービスしちゃって

いいの？　と思うが、

「日本人と話すのが好きだ」

という。眠たいけれど、こちらも地元の情報は聞きたいので色々話した。

Tさんの通訳で話をしていたのだが、途中からはオジサンの話オンリーになった。

「京大には自分の友達が在籍している」

「獣医師免許を持っている」

など自慢話が続いた。

Tさんに聞いたところ、韓国人は日本人より積極的に「自分はすごいんですよ」とアピールすることが多いらしい。謙遜するのは美徳ではないのだという。

なるほどねえと思いながら聞いていたのだが、段々トーンが暗くなっていく。

「外国人と結婚したのだが、離婚して寂しい。やりたくないけどこんな仕事をしている。もういつ死んでもかまわない」

話好きで寂しげなオジサン

などと、とても切ない話になってしまった。韓国は自殺率が非常に高い。10万人当たり25・8人と、自殺率が高いといわれている日本の16・6人と比べてもかなり高い。なにか慰めになることを言わなければ……と思っているうちに、睡魔に負けて寝落ちしてしまった。

オジサンが麻浦大橋《マポデキョ》（ソウルにある自殺の名所）に行かないことを祈る。

［コラム］

ホームレスの願いの末路

雑誌で、

「ホームレスの願いを叶えたい」

という企画をやったことがあった。

上野公園にいたホームレスに片っ端から話を聞いていく。

「もし叶うなら、生まれの岩手県に帰りたいな。そこには俺の家があるんだ」

と、70歳を過ぎたお爺さんに言われた。

編集部から自動車を出して、実家に送り届けることになった。

もう何年もお風呂に入っていないというので、銭湯に行ったがなかなか入湯させてもらえなかった。

アメ横で服を買って着替えて、いよいよ岩手県に向かって走り出した。

段々と岩手県が近づくにつれて、お爺さんのテンションは上がっていった。

現地近くまでは来るが、すでに時間は夜で真っ暗だった。なかなかお爺さんの言う家まではたどり着けない。やっと家を見つけた時には、深夜4時を回っていた。

お爺さんは嬉しそうに自動車を降りて、家によたよた近づいていった。かなり大きい家だった。

しかし、ドアの前で

「あれー？　あれー？」

と困った声をあげた。

表札に書かれている名前は、別の人の名前だったからだ。

お爺さんは、すっかりしょげてしまった。

朝7時半になるまで待って、彼の親戚だという家のチャイムを押した。

やはり70代の男性が出てきた。

朝早かったにもかかわらず、

「どうしました？」

と穏やかな顔で対応してくれた。

編集者が名刺を渡し、今回の企画を説明した。

みるみる男性の表情は曇っていった。

「え、連れてきちゃったの……。困ったなあ……」

と言った。

そして部屋の奥から
「ええ?? 連れて来ちゃったの!! 困る!! 困るわ!! なんで連れてきたの!! なんで連れてきちゃったの!!」

と女性の金切り声が聞こえてきた。

男性の奥さんの声だった。

その叫び声を聞いた時点で、もう彼らの人間関係はよく分かった。

でも話だけでも聞いてくださいと言って、男性を自動車で待つホームレスのお爺さんのところへ連れて行った。

「おう。久しぶり。元気か？」

「おお、久しぶり」

と、とても固い挨拶をした。

聞けば、男性はとても酒癖が悪く、大事な席を何度も台無しにしたことがあったそうだ。

つまりは村の嫌われ者だったわけだ。

お爺さんが「俺の家だ」と言っていた家は、かつては本当にお爺さんの家だったが、とっくに名義は変わっていた。

男性は、

「お前がいない間に、〇〇さんと△△さんと□□さんが亡くなった」

と、死んでいった人の名前を並べた。

その名前を聞くたびに、お爺さんはどんどん老け込んでいくようだった。

そして、お墓参りをした後に、ちょっと待っててと言って、男性は家に戻った。

そして戻ってくると、

「お前これから家に帰るな？　それでもう二度とここに来ないって約束できるな？」

と強い口調で言った。

お爺さんは、つらそうな顔でうなずいた。

「だったらこれ」

と言って手切れ金の入った封筒を渡した。

お爺さんはうつむいて
「ありがとうございます……」

と言って、封筒を受け取った。

帰り道は行きとは真逆のとても暗い雰囲気のドライブになった。

廃墟

3

〜人が消えた場所をゆく

人のいない村が好き　淡路島

廃村を取材するのがとても好きだ。まず人の生活臭がにじみ出ているところが良い。木製の家屋が自然に侵食されて、崩れていくさまもとても良い。同じ廃村でも春夏秋冬、訪れた季節によって違う味わいになる。

ビジネス的なことを言うと、廃村は通り（道）自体は私有地ではないので――まれに私有地もあるので注意だが――、廃村に行って写真を撮ること自体は違法ではない。廃墟系の取材の中では比較的安全に取材ができるのだ。

ひと昔前は、

「違法かどうかなど知ったことか」

でブイブイ取材する場合も多かったが、このご時世そういうわけにもいかない。

いろいろな廃村を回って『廃村 昭和の残響』（有峰書店新社）という写真集も出していたりする。今度は出版社経由ではなく、自費で写真集を出したいなと思っている。

というわけで、兵庫県の「淡路ワールドパークＯＮＯＫＯＲＯ」から1時間ちょい歩いた場所に立つとあるホテルで目覚め、淡路島在住の元葬儀屋職員でミュージシャン、怪談師でもある下駄華緒さんに自動車で拾ってもらった。

昨日までは、島内をバス移動していたのでなかなか大変だったのだが、自動車だとどこでもスイスイ移動ができる。文明の利器に感動してしまう。

そしてさっそく、オススメの廃村に連れて行ってもらうことにした。

淡路島の廃村とは、とても楽しみである。

しばらく海沿いの道を走った後、廃村に入る入口についた。

もともとはアスファルトが敷かれた道路だったのだと思うが、落石と落木で地面が覆われてしまっている。結構大きめの、「オラオラ当たったら死ぬぜ〜」レベルの岩も落ちている。

植物もガンガン生えている。もともとは観賞用の植物だったのかな？　という樹も育ちまくってだいぶ野生に戻っている。

しばらく登っていくと、軽トラが停まっていた。フロントガラスが叩き割られ、スプレー缶で落書きがされている。ただ車自体はあまり古くないし、ナンバーが外してあるのを見るに、誰かが自動車を不法投棄しに来たのかもしれない。そのほかにもちょくちょくゴミが不法投棄してあった。下駄さんに聞くと、淡路島は不法投棄が多いそうだ。

世界遺産に登録される前の青木ヶ原樹海も不法投棄が多かった。ドラム缶やタイヤが大量に放棄してあるのを見ると、残念な気持ちになった。またある時は、大量のアダルトビデオテープが捨てられていて

「山や川にエロいのが捨ててあるのはよく見るけど、樹海まで捨てに来るのかい!!」

と思った。今考えたら、個人ではなく業者が捨てたんじゃないかな？　という気もするが。とにかく、不法投棄はダメである。

脱線したけれど、なおも坂道を登っていくと、ついに廃屋が現れた。結構、廃てられて時間が経っているようで、外壁は剝がれて板が剝き出しになっている。天井から草が生えていた。天井が抜けてしまい、陽光が差し込んでいる場所もあった。

壁が爪でガリガリと削り取られているようになっている場所を見つけてドキッとした。動物がひっかいたのかもしれない。たしか、淡路島にはクマはいなかったはずだけどな、

と思う。廃墟や廃村を取材していて、何度かニホンカモシカやニホンジカとバッティングしたことがある。突っ込んでこられたら絶対に負けるので恐い。

動物じゃなく人間だとすると、それはそれで恐い。廃村の壁をガリガリ爪で引っ掻いてる姿はかなりホラーだ。

しかしその廃村に生活の痕跡はほとんど残されていなかった。荷物もほとんど残っていない。建物一軒一軒の構造はよく似ていて、番号がふってある建物もある。

会社の寮のためにいっぺんに何棟も家を建てたけど、その後いっぺんに閉鎖してしまった……といったところだろうか。

真相はわからないが、鉱山の廃村とかだとよくあるパターンだ。

下駄さんが
「すごい気持ちの悪い部屋があるんですよ」

廃屋と木漏れ日のコントラストがなんとも言えない

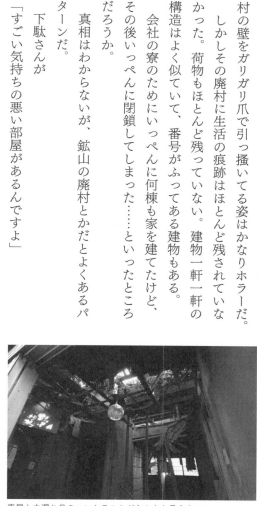

と言うので、行ってみる。

内装はだいたい他と同じなのだけど、天井から赤い布が何枚も吊るされていた。その時は、着物が吊るされているのかと思ったが、あとでよく見てみるとただの赤い布のようだ。丸い窓があけられていて、窓の周りや壁にも赤い布が貼られていた。

たしかに淫蕩な臭いのするカラーリングの部屋だ。たとえば、売春小屋とかそういう部屋っぽい感じがする。ただ、場所的に売春をするのには不便すぎるので、ただ単にアバンギャルドな雰囲気が好きな人が内装した部屋なのかもしれない。深夜に見ると、より恐ろしい雰囲気に見えるそうだ。

この部屋も天井に穴が空き、壁は腐ってきていた。建物の形をたもっていられる時間はあまり長くないかもしれない。

そしてこの廃村で一番かっこよかったのが、民家の前に停められて、そのまま腐ってしまった大型バスだ。

ゾンビものの映画やバイオレンス映画などで、バスを〝壁〟として使うシーンが描かれるがそんな感じに見えた。

バスはかなりの長期間放棄されているようで、外壁は剥がれかけ赤いサビが流れ出ていた。タイヤはシャーシが折れたのか、外れて外側に倒れてきている。中を覗いてみると、竹っぽい植物が生え覆い尽くされていた。あんまりかっこいいのでしばし妄想してしまう。

「ゾンビの大群をなんとかバスで防いだけれど、結局仲間内のケンカが起こり全員死亡してしまった。それから30年が経った……」と思い込んでみた。

しばらく佇んだ後、車に戻り、次の目的地へ向かった。

ファンシーなゴーストタウン　清里

梅雨のムシムシしたシーズンは、できるなら爽やかな避暑地で過ごしたいものだ。

というわけで急遽思い立って、山梨県北杜市にある清里に足を運ぶことにした。

さて旅立とうと朝5時に外に出た所、あいにくの雨模様だった。観光地取材時に雨がふっているとテンションがだだ下がる。

東京から清里までは特急電車を使わずに向かった。到着は10時32分予定。

もう6月だしTシャツと短パンというラフなスタイルで出かけたのだが、山梨県に向かうほどに寒くなってきた。

電車の中なのに寒い。

周りを見ると皆、薄手のジャンパーやパーカーを着込んでいて、薄着なのは僕だけである。電車の中は肌寒いくらいで済んだのだが、乗り換えの小淵沢駅がひどく寒かった。

避暑どころじゃない。凍える……。

カタカタと震えながら一時間ほど過ごした後、小海線の電車に乗って清里駅に到着した。

清里駅を出ると、まずはSLがドーンと出迎えてくれた。高原のポニーのあだながあったC56形蒸気機関車を修復して、2009年から駅前に展示されている。

そして見下ろすように駅前の広場を見やると、カラフルな色のバスが2台展示されている。植物が植えられていて華やかな雰囲気だ。そして駅前にはズラッと、ショップが並んでいる。

ただしほとんどの店が閉まっていた。駅前からシャッター商店街なのは残念だ。開いている店はあるのだが、人通りが皆無だ。

小海線には、にぎやかなオバサン軍団が8人くらい乗っていたのだが、全員駅から出るとまっすぐタクシー乗り場に向かい、とっととどこか目的地に行ってしまった。

街の中に一人しかいないと、なんだか人類滅亡後の街を歩いているような錯覚がおきる。

しばらく道なりに歩いていくと、メルヘンな雰囲気の場所に出た。

緑のパステルカラーのまるでお城のような建物。そしてその対面には大きなポットの形をした超特徴的な形をしたお店もある。

作られた年代から考えて、『Dr・スランプ』に登場する、木緑あかねの実家の喫茶店「Coffee Pot」の影響を受けているだろう。

そしてその近くにはディズニーのような木の精に大きなキノコがあった。

まさに脳内で思い描いていた「避暑地清里」だ。

お城とポットはまさに廃墟だが、木の精は現役の施設だ。だが、ショッピングモールではない。施設の周りを囲って、サバイバルゲームのプレイゾーンになっていた。本物のショッピングモールで戦争ごっこができるなら、それは楽しいだろう。

ファミリーマートの前に置かれた牛の像、レンタル自転車の看板に描かれた少年など、キャラクターもいちいち良い。

おそらくラブホテルだった廃墟があるのだが、名前は「星の王子さま」。看板の横には「おみやげはぬいぐるみが一番ヨ！」

と書いてある。語尾の〝ヨ〟に泣ける。

サン＝テグジュペリが聞いたら怒るかもしれないが、「星の王子さま」って名前がまた昭和のラブホっぽい。「もしもしピエロ」「べんきょう部屋」「やんちゃな子猫」とかと類似の方向性だ。

80年代の面影を残すお城とポット

80年代ももうずいぶん過去になってしまって、今やその頃の痕跡は消えつつある。もちろん80年代に建てられた重要な建造物はいくらでも残っているが、ファンシーでキュートで軽薄でチープな80年代は見ることが少なくなった。

駅前にある「清里高原観光案内所」でオジサンに話を聞くと、

「ここは昭和が残ってるから。裏にはたくさんあるよ。ただ、写真撮ってると地元の人にはいい顔されないと思うけど」

と言って笑った。

清里は、80年代に観光地として絶大な人気を誇ったが、急激に人気がなくなってしまったため、当時の建物がたくさん残されている。

火山の噴火で一気に文明が終わってしまったため、当時の様子がそのまま残ったポンペイ遺跡のようだ。

80年代の記憶があるオジサン、オバサンにとっては、胸がキュンとする懐かしい街をしばし歩き回る。この風景を見るためだけでも、来る意味があると思う。

十分満喫した所で、少し離れた場所に廃墟があるのに気がついて、足を運んでみた。

駅前から国道141号線清里ライン沿いにテクテクとひたすら南下していく。すぐに山道になるが、歩道があるので歩いていて危険は感じなかった。

気温は相変わらず肌寒いままだったが、歩いているうちに体温が上がり寒くなくなった。

50分ほど歩いてやっと目的地にたどり着いた。

「ワンハッピーパーク」というショッピングモールだった場所だ。先程少し紹介した、サバイバルゲーム場になっているショッピングモールの姉妹店だ。

広場を中心に円弧状にファンシーなお店が並んでいる。ただかわいい風の飾り付けはされているものの、家の本体部分はコンテナのような味気ない建物だ。廃墟になって長いため、色は褪せ、ところどころ崩壊している。

かつては廃墟で規制線がひかれ、立ち入り禁止になっていた。外側からしか写真を撮れなかったのだが、今は廃墟ではなくなっていた。

手前に韓国食材店ができ、奥に農場ができていたのだ。そのため堂々と敷地内に入って写真を撮ることができた。

「わざわざ、50分歩いてきたかいがあったぜ〜!!」

とパシャパシャと写真を撮った。

違う施設に転用されたとはいっても、昭和廃墟感は十分に残っている。

歩いて帰る途中、手前にあった気になるお店に立ち寄る。「清里レストラン&コテージ睦」である。なんで気になったかと言えば、看板に大きく、

「うわさのク・ソフト」と書いてあったのだ。

便器の上に茶色の物体が書かれていてハエが飛ぶイラストが書かれていた。のぼりも出ていてこちらは「開★うんク・ソフト」と書かれている。

あからさまにソフトクリームを大便に見立てている。

ザッツ!! 小学生男子センス!!

これは立ち寄らなければなるまいと思い、入店した。

意外なことにめちゃくちゃ綺麗でオシャレな店内だった。店員の女性も品が良い。

50分以上も歩いてエネルギーが切れかけていたので「湯もりほうとう」を注文した。

ほうとうは山梨県の名物で、僕はしょっちゅう樹海に行くので、その帰りに食べることが多い。

ただいつも食べている鉄鍋でグツグツ煮たほうとうとはずいぶん違った。平たい麺と薄切りにされた大根が竹のたらいの中に入っている。お椀に出汁が入っているのだが、素揚げされた野菜や山菜がたくさん入っている。これが想像以上に美味しかった。まさか「ク・ソフト」のお店で、今までの人生の中で一番のほうとうを食べられるとは思ってもいなかった。

食後のデザートに、いよいよ「ク・ソフト」を注文する。

「笑いながら食べてください」と言いながら店員さんが運んできた。

和式便所風入れ物の上に、チョコレートソフト。かりんとうが刺さっている。木のスプーンには、ハエの写真が貼ってある。めちゃくちゃこったアイスだ。

一口目はさすがにちょっと抵抗があったが、もちろん美味しいソフトクリームだった。店内が綺麗だったので、抵抗なく食べることができた。美味しい&変なもの食べられて大ラッキーだった。

さて帰るか～と立ち上がると

「どこから来られたんですか？」

と聞かれた。

「清里駅から歩いてきました」

というと、少し驚いた顔をされた。さすがに50分かけて歩いてくる馬鹿はあまりいないらしい。見かねて
「なんだったら駅まで送りますよ‼」

と言ってくださった。そんな、申し訳ないので‼と遠慮したのだが、どうぞどうぞと車に乗せていただいた。

清里駅までの短い道中、お話を伺った。

お店ができたのは37年前だという。

「その頃はすごかったですよ。夏はもちろん大にぎわいだったんですが、スキー場ができたので冬も大勢人が押しかけてました。いつもこの道（清里ラインン）は大渋滞で。やっと、たどり着いても駐車場が

なかなか芸が細かいク・ソフト

満車で停められなかったりして。スキー場に来たのに、スキーができずに帰った人も多かったみたいです。

そういう思いをした人は二度と来ないだろうな～と危惧していました」

確かに、冬場にわざわざ県を越えてスキーをしにいって、結局すべることができずに帰る羽目になったらもう二度と行かないかもしれない。

「今はのんびりしてていいんですけど、銀行が撤退、酒屋さんもない、スーパーもない。ちょっと不便な状態ですね。ただ今でも、ちょっと駅から離れた場所には遊べる場所はたくさんありますよ」

教えてくれた遊べる場所を、忘れないように携帯電話にメモして、駅前で自動車を下ろしてもらった。

予想より早く帰って来られたので、その遊べる場所に行ってみることにする。

最初に足を運んだのは駅から少しだけ離れている「萌木の村」。清里にとって6月は閑散期なのだが、何人もお客さんが歩いていた。

オープン50年を超えた老舗のレストラン「ROCK」をはじめ、本格的なバー、カフェなどがたくさん入っていた。自分でも体験できる工房や、オルゴールミュージアム、ホテル、と様々な施設がギュッと密集していた。

マスコミでよく語られる「人気のなくなってしまった清里」というイメージではなかった。

同じく様々なレストランや工房が入った「清里の森」に行ってみたが、やはりこちらも様々なお店が開いていた。

また牧場しかないような場所にも、ポツポツと美味しいレストランが点在していた。清里に別荘を買う人は基本的に自動車を持っている。だから駅前よりも少し離れた場所のほうが流行っているのかもしれない。

ついつい、駅前の廃れ具合いを見て「廃墟の街」と書きたくなってしまうが、実際には今でもかなり良い避暑地なのだ。

歩き回ってさすがに疲れたので、一泊することにする。

清里にはかなり高級なホテルもあるが、もちろん最安値の宿を探して泊まることにした。

「北野印度会社」跡地の近くにある「清里ユースホステル」が３４００円で泊まれた。

「今日はお客さんだけなので、一番良い部屋に泊まってください」

と言われる。そもそもは二段ベッドの部屋の予定だったので、広々とした部屋に一人で泊まれるのはラッキーだ。

部屋の名前を見ると「レナウン娘」『巨人の星』などと書かれていた。つまりそれらが流行った頃につけられたのだから、かなり古くから営業しているユース・ホステルらしい。

「お風呂沸かしますね。朝は誰もいませんので、そのまま帰ってください」

ずいぶん自由なシステムのようだ。

一日中歩いてヘトヘトだったので、あっつい風呂に入って疲れを落とす。

お風呂から上がって廊下に出ると、シーンとしている。

「広いユース・ホステルに一人でいるんだ」

と思うと、急になんだか不安な心持ちになった。幽霊のたぐいは全く信じていないが、信じていなくたって怖いもんは怖い。

部屋の端っこに布団を敷いて、電気をつけたまま丸まって寝た。

目が覚めるとスカッと晴れていた。昨日は寒くてカタカタ震えていたが、今日は暑いくらいだ。

昨日は霧が出ていたので、再び歩き回って廃墟などの写真を撮りなおす。晴れているほうがもちろん綺麗に撮れるのだが、どうしても日差しの下だと健康的になる。霧の中で撮った写真は、少しぼやけて、白んだ感じが雰囲気があってより廃墟らしい。どちらの写真を使うのかは迷うところである。

撮影を済ませてもまだ時間があったので、最後に二つの観光地に寄っていくことにした。清里駅から北側の山に向かってどんどん山を登っていく。暑いくらいの日差しなのだが、風はとても心地よく涼しい。避暑地清里の本領発揮といったところである。

40分ほど歩いてやっと「ポール・ラッシュ記念館」に到着した。ポール・ラッシュとは、日本にアメリカン・フットボールを普及させたことで知られる教育者だ。清里高原の開拓支援など、清里にゆかりのある人物である。住んでいた建物がそのまま残されていた。多角形型の部屋にソファが並べられ、周りには絵画や皿、剝製などが並べられている。すばらしく良い部屋だった。

正直面白いパビリオンではなかったけれど、少々日本のアメリカン・フットボールに詳しくなって、また山道を登っていく。

いつの間にかかなりの山奥を歩いていて、高い橋を渡る時は足が震えた。

そしてやっと「山梨県立まきば公園」に到着した。県立八ヶ岳牧場の一部を開放して作られた、動物とふれあいができる公園なのだが、利用料金は無料だ。

近くに「まきばレストラン」があり、山梨県の畜産物を素材にした料理を食べることができる。窓から見える羊は食べられないのかな？　と思ってメニューを探したが、ラムもマトンもなかった。代わりに「ステーキ丼」を食べたが、山の中で食べる料理とは思えないほど美味しかった。お土産屋も充実していた。

そして、せっかくなので動物と触れ合って帰る。

触れ合いゾーンには羊がいて、数頭が並んで草をバリバリと削り取るように食べていた。警戒心はあまりなく、近づいても全く動じることなく食べている。

カップルや家族連れがたくさんいて、

「かわいいい!!」「すごい!!　すごい!!」

と騒ぎながら、さわったり、写真を撮ったりしていた。

一人で歩いて来ている変人は僕だけで、どうにも不審人物なので、家族やカップルからは一定の距離を置いて動物を愛でた。

羊を愛でて、ヤギを愛でて、ポニーを愛でて、牛を愛でていたら、いつの間にか電車の時間ギリギリになってきてしまった。

慌てて山を降り始めたのだが、ものすごい勢いで霧が発生してきた。風景に白い膜がかかったように見えなくなる。白い闇の中にいる感じ。

映画『ミスト』やゲーム『サイレントヒル』のワンシーンのようで、不安な気持ちになってくる。そしてしばらく歩いたところでついに土砂降りに。

山の季節は変わりやすい。

雨で濡れた身体のまま、電車に乗って東京に帰ってきた。

結論としては、清里は廃墟疑似体験も楽しめるけど、避暑地・観光地としても十分楽しめる。やっぱり自動車があったほうが便利。というところだろうか。

ちなみに僕は、一泊二日の旅で、4万5000歩も歩いたのであった。合掌。

韓国・精神病院の廃墟

『コンジアム』という韓国のホラー映画があった。精神病院の廃墟に撮影に入った男女が怖い目に合うという、『ブレア・ウィッチ・プロジェクト』的なモキュメンタリー作品である。

韓国では2019年の公開時、15日で観客動員数256万人を突破する大ヒットになった。これは、韓国ホラーでは『箪笥』に次ぐ、歴代2位のヒットだ。

この作品の最大の特徴は、舞台になっている精神病院の廃墟が実在するという点だ。この場所はアメリカのCNNが選ぶ世界鳥肌7大スポットに選ばれた場所だ。

ちなみに日本では軍艦島と青木ヶ原樹海が選ばれている。廃病院ひとつで、軍艦島や樹海と競っているとはなかなかすごい。

「そんなスポットならぜひ見てみたい」

と思って足を運んだことがかつてあったのだ。

その精神病院は、ソウル市から南東方向に移動した場所にあった。韓国に詳しいTさんが一緒だったので、彼に頼って、バスを使って現場の近くまで行った。

大体の地域までは分かったが、正確な場所までは分からない。しかたなくバス停でタクシーを拾い、ちょっと柄の悪い運ちゃんに精神病院の場所まで行ってくれるよう頼んでみた。

「精神病院の廃墟？　ああ、あるね。入院患者が次々に死んだとか、院長が逃げたとか、言われてるね。どうだろう？　ウソじゃねえかな？　もうずいぶん前に廃病院になったけど。その後も、幽霊が出るだとか、入った人がいなくなったとか言われてるね。本当かどうか知らないけど」

と色々話してくれた。そして施設の近所まで送ってくれた。精神病院の廃墟は山の中にあるらしい。

「ここから行けるよ」と降ろされた場所はただの山だった。少し不安な気持ちになりながら山をしばらく登ってみた。

藪を払いながらしばらく進むと、コンクリートで舗装された道が見つかった。それに沿って進んでいくと、2階建てのコンクリートの建物が見えてきた。窓には鉄格子が嵌められている。鉄格子も外に渡された階段も、茶色く錆びていた。

たしかに大きめの廃墟だが、世界7大に入るほどのスポットか？　と思っていたら、ここは病院の職員用の施設だったらしい。職員用の施設で、窓に鉄格子が嵌めてあるということは、外からの侵入を警戒しているのか？　なんとなく、ゾンビ映画の襲撃シーンを想像した。

再び道に戻り、しばらく山道を登っていく。すると病院本体の廃墟が現れた。

三階建てだが、敷地面積はかなり広い。壁は無骨なコンクリートで、風雨にさらされて黒ずんでいる。ほとんどのガラスは叩き割られていた。建物の周りの木々や草は生え放題で建物を侵食している。たしかに見ているだけで憂鬱になってくる巨大な廃墟だった。

山の中に突如現れたコンクリートの建物

おそるおそる施設内に入る。施設内は、外側よりも傷んでいた。窓ガラスが叩き割られているので、風雨が中に吹き込むのだ。天井は腐り、天板が落ちている。入院室のほとんどはベッドが置きっぱなしになっていたが、マットレスは腐りカビていた。カビのシミは壁にまで広がっていて、まるで呪いが発露したかのような模様を描いていた。

木製のテーブルが並べられた、食堂だったのであろう場所も、同じようにボロボロになっていた。おそらく患者たちは、ここに集められて温い食事をとっていたのだろう。

事務室なのだろうか、室内に書類がばらまかれている部屋もあった。薬の袋もたくさん積まれている。「内服薬　用法」など漢字で書かれていた。韓国では現在、ほとんど漢字が使われていない。かなり前に刷られた袋なんだろう。

大体の室内は同じような有様だったが、一室かなり特徴的な部屋があった。壁に、絵が描かれていたのだ。

「これはイタズラ……？　いや、入院していた患者が描いた絵なのかな？」

と同行者がつぶやいた。かなり有名な廃墟だが、落書きなどはあまりなかった。マナーを守ってるというよりは、日本に比べると廃墟に行く人がいないのだろう。廃墟の落書きといえばスプレーが多いが、この施設にもいくつかは書かれていた。

だがこの部屋にある落書きは、絵の具で描かれたパステル調の繊細な絵だった。

色とりどりの精子のような形の物質や、三角形、円、波線などが空を飛んでいるような抽象画と、風景の写真が何枚か描かれていた。

技術的には拙いのだが、目を離せないような妙な迫力があった。この部屋に閉じ込められた精神病の患者が脳内にある幾何学なイメージや、観光地の様子を壁に描きつけたのだと思うと、さみしいような、怖いような気持ちになった。

全面がタイルで覆われている部屋もあった。真ん中に排水用の穴が開いているだけだ。おそらく患者の身体を洗うための部屋だろう。精神病院患者は風呂に入るのにとても苦労

書類や薬袋が散乱した室内

する。そのため、凹凸をつけない。日本の精神病院でも、床に穴を掘る形で湯船が設置されている場合がある。そうしないと入浴する際患者を持ち上げなければならない場合があるし、またけつまずいてコケると危ないのだ。

多くは経年劣化だが、あからさまに誰かが荒らしたと思われる場所もあった。机やソファがヒックリ返されたり、穴が開けられたりしていた。そんな様子を写真に撮っていると、

「あれ？　なんか臭い？」

と同行者が言った。そう言われると確かに臭い。ずっとカビ臭さはあったのだが、その臭いではない。

化学薬品のような、鼻の奥が痛くなるような、目に染みるような臭いだ。

「そういえば、廃墟になった後、放置された薬品が漏れてるってウワサがありました。急いで行きましょう」

と言う。そういうことは来る前に教えておいてほしいものだ。

階段を登っていると、紙が落ちていた。先程、事務室のような場所に落ちていた紙だろ

う。そこに英語が書かれていた。外国人がよく訪れるという話は聞いたことがある。

「its dangerous up there. take one of these. choose wisely」

と書いてあるようだ。

「あそこは危険です。これらのうちの一つを取ってください。賢く選んで」

みたいな意味だろうか？　なんだか分からないけど、不気味である。

階段を登りきると、屋上に出た。

館内は、なんともヒリヒリする雰囲気だったので、屋上に出たらスッキリするかと思ったが、残念ながらそんなことはなかった。

屋上全体が大きな金網で覆われていたのだ。患者の運動場になっていたらしく、バスケットゴールも設置されていた。

患者が誤って落下しないための（もしくは自殺防止のための）金網だろうが、なんだかすごい閉塞感を感じた。

「まるで、鳥かごみたいだな」

と思っていると、バサバサバサッとハトが数羽飛び立った。網の外には出ずに、高い位置にとまってジッとこちらを見ていた。

さて帰るかと思ったが、よく考えればここまでタクシーで来たのだ。こんな田舎にタクシーは走っていないから、歩いて帰らなければならなくなった。仕方がない。一時間ほどダラダラと歩いてやっと戻ることができた。途中の汚い売店で買った、コカ・コーラが美味かった。

廃神社探しの副産物　大阪枚岡

ある年の大晦日、大阪で取材をしていた。

年越しはドヤ街西成でホームレスの越冬の様子を取材しようと考えていたのだが、とある団体のメンバーから「見かけたら、ひどい目に合わせる」的な脅しをかけられたので諦めた。

なので年越しは一人で廃墟をめぐることにした。

「年末年始に一人で廃墟を回るなんてさみしすぎる」

と思う人は多いかもしれない。だが実は、年末年始は警備が薄い場所も多いため、廃墟廃屋めぐりを趣味としている人にとっては絶好の機会なのだ。

目的地は山中に眠る「廃神社」に決めた。

大阪難波から東へ40分ほど近鉄奈良線に揺られ、枚岡駅で下車した。枚岡駅のそばには、枚岡神社という立派な神社がある。僕が訪れたのは正月だったので、多くの参拝者が初詣に訪れていた。

しかし目的地は、枚岡神社ではない。

特にお参りはせず、神社の裏山に進む。

少し坂道を登って行くと人気は全くなくなり、道もかなり荒れ果てた雰囲気になった。

山道に廃墟の小屋があったりして、少しドキドキしてくる。

情報通り道を進んでいくと看板が出てきた。左に進むと「なるかわ園地」と書いてあるのだが、廃神社がある方向には「人は通行できない」のマークが描いてある。

あらためて地図を見るとどうやら通行できない先に目的地はあるようだ。

なんとか道はあるので、恐る恐る進んで行く。しばらく歩くと、古く苔の生えた鳥居が現れた。

鳥居の横にはズラリと苔むした石像が並んでいる。「黒龍大神」「不動明王」の文字が彫られた石碑。修験道者や布袋らしき石像。

背筋がゾクゾクする。すごく不気味だ。

中でも一番怖かったのは、なぜか、祀られているダイヤル式の電話だ。

なんで？　こんな場所に電話が？　と思う。

「リリリリーン!!」

と電話が鳴ったら、たぶん心臓麻痺で死んでいたと思う。

その場所を通り過ぎ、おっかなびっくり山道を登って行くと、掘っ建て小屋のような建物が出てきた。木の板を貼りあわせた粗雑な作りの建物に、トタンが釘付けされている。しかし掘っ立て小屋というには大きい。こちらもかな

行くなと言われると行きたくなる

り不気味だ。緊張で膝がガクガクと震える。

ここが目的の廃神社か？　と思ったが壁には「宗教法人徳成寺」という看板が出ている。ただどう見ても、お寺には見えない。例えるなら外国のスラム街の建物のようだ。恐る恐る近寄って行くと、建物の中から読経が聞こえてきた。抹香の臭いも漂ってくる。

入り口には古くからあったと思われるお地蔵さんが並んでいるが、建物自体はやはり戦後のバラックの様な状態。天井はブルーシートがかけられている。

入るべきかどうかとても迷ったが、好奇心が勝り、中に入った。祭壇が置いてある部屋はとても華やか……というより原色で、日本のお寺っぽくない。

「すいません～　誰かいらっしゃいますか？」

と弱々しい声で訪ねてみると、奥から50歳くらいの作務衣を着た女性が出てきた。廃神社を探して登ってきた旨を伝えると、奥に戻り和尚さんを連れて戻ってきた。

ただし日本でよく見る僧形とは違う。

「コンニチワ。廃神社デスカ？　ソレ昔、修行ニ使ッテイタ施設ダト思イマスヨ。神社デハナイトオモイマス。コノ建物ノ先ニアリマス」

と、強いなまりのある言葉で言われた。

なるほど、目的地は、もっと先だったのか……。しかし気になるのは、このお寺はどんなお寺なんだ？　恐る恐る聞いてみると
「ワタシ、韓国カラ来マシタガ仏教好キデス。ココハ自分デ作リマシタ。全部手作業ダッタノデ大変デシタ。今ハ本殿ヲ作ル予定デス。ソノタメノ材料ハスデニ買ッテアリマス」

とのこと。

見ると、敷地内には材木やハシゴが山積みになっている。昔、使われていたお寺を和尚さん一人で建てなおしたということだろう。

「何モアリマセンガ、ゴ飯食ベテ行カレマスカ？」

と聞かれた。

せっかくなので、お邪魔することにした。室内もいかにもハンドメイドで作ったという雰囲気。ガムテームでつなぎ合わせて作ってある部屋、という感じだ。しかし、暖房はしっかりしているし、電気も届いていて、テレビなども設置してある。

テーブルの上には、お正月らしい料理が盛りつけられていた。キムチがあるのが、韓国

人の和尚さんのお寺らしい。

このお寺は本当に宗教法人だし、住所登録もしてあり、郵便配達も届くという。

では、ふもとにあった立ち入り禁止の看板はなんだったんだろうか？

この建物を直したのも和尚さんだし、ここに至る道の石碑などを直したりしたのも全部和尚さんのようだ。

なんでダイヤル電話を祀っているのですか？　と聞いたのだが、笑っているだけで、答えはなかった。

「昔ハ東京ニ住ンデイマシタ。ソノ時ノ社長サンニ言ワレテ教祖ニナリマシタ」

おそらく税金対策のためだろう。

「ダケドソノ社長サン死ンデシマッタ。私、大阪デコノお寺作リマシタ」

と語られた。

ややブラックな香りのする話だったが、特に悪意はなさそうだし、被害者もいなそうなのでとりあえずニコニコ笑ってうなずいた。

和尚さんは、相談があるんだけど聞いてくれますか？　と言った。

「ココマデ来ル道ノリヲ、ビデオニ撮ッテ配リタインデスヨネ。トテモ素敵ダッタデショ？　誰カ出来ル人イマセンカ？」

と尋ねられた。

ここまでの道程はかなりジャパニーズ・ホラーな感じだったが、素敵と言えなくもないか。

和尚さんは色々な人に観光ＤＶＤを配って、ここのアピールをしたいそうなのだ。

こんな山奥にある不思議なお寺なのに、すごく一般的な目標を持っていて、逆にびっくりした。

「再び大阪に来ることがあったら、ビデオ撮影など何か手伝わせてください」

と言い残してお寺を後にした。

和尚さんに言われた通り、お寺からもっと先に進む。より道なき道になっていく。たどり着いた先にあった

パッと見ではとてもお寺には見えない

のは、取り壊された社だった。もともと、どんな建物だったのかはわからない。壊されてずいぶん時間が経っているらしく、朽ち果てていた。神棚などが打ち捨てられているのが痛々しい。さらにその先には、比較的新しい社が建てられていた。

目的の廃神社自体はたいしたことはなかったが、十分すぎる収穫があったので満足して下山した。

真鶴の合法廃墟

廃墟というのはなかなか難しいのである。道路から外観を撮る分には問題がないのだが、敷地内に入ってしまったらまず間違いなく違法行為になる。

その場で警察に捕まる可能性もあるし、雑誌などに掲載されたあとに訴えられることもある。媒体がウェブニュースだと、非常に多くの人の目につくのでより問題になりやすい。だから僕は現在はあんまり能動的に廃墟の取材をしない。

ただ、入ってもオーケーな廃墟があれば、それはもちろんぜひぜひ行きたい。

真鶴ブロックアートはそんな合法廃墟だったのだ。

最初にこのスポットを訪れた時は、神奈川県の真鶴半島まで、スーパーカブで出かけていった。

爽やかな港町を通り過ぎて、どんどん山を登っていく。真鶴半島の先端部分にその廃墟はあるらしい。深い緑がとても気持ちがいい道を走る。

ここは全体が公園になっている。

「公園内に廃墟があるので、廃墟内も公園。だから入っても問題がない」

という理論だった。

しかしバイクで走り回っても、廃墟の入り口が見つからなかった。かなり大きい廃墟だと聞いていたのになぜか見当たらない。しかたなくバイクを降りて、探り探り歩いていると、ブロック塀に太陽のマークが描かれたポイントを見つけた。

それが入り口のマークだった。

近寄るとそこから先は崖になっていて、崖に沿って三階建てのコンクリートのビルが建っていた。崖なのでもちろん危険ではあるが、立入禁止などはされていなかった。

ゆっくり崖を降りて、三階部分から建物の中に入った。

入ってすぐの場所に、大量のスプレー缶が捨ててある。まさに山となっている。なぜスプレー缶が置かれているかというと、この廃墟の壁にスプレー缶で絵を描く人たちが後をたたなかったからだ。〝ブロックアート〟と呼ばれているのはそのせいだ。

そして次の部屋に進むと、いきなり人がいて猛烈にビックリした。しかも一人ではなく、何人もいる。

廃墟探索で一番怖いのは、ヤンキーなどとバッティングすることだ。

「ヤベエ!!」

と思ったが、向こうも同じ

「ヤベエ!!」

という表情をしている。

しかもどう見てもヤンキーじゃない。パーカーにジーンズの若い女性だ。

冷静になって周りを見ると、映画の撮影をしているようだった。カメラの前で、黒いロングコートを着た男が、お芝居をしていた。

若い女性はＡＤさんだったらしい。

「私たち、許可撮って撮影してるんです」

とボソボソ声で言うので

「僕もただの見学者です。違う階なら写真撮影してても問題ないですか？」

というとコクリとうなずいたので、会釈をしてそろりそろりと一つ下の階に降りた。

実は、この廃墟ではよく人にバッティングした。僕が動画の撮影班と来た時には、女性がセミヌード写真を撮影していた。あわわわとなって、違う階に移動した。

みんな廃墟で撮影がしたいのである。

下の階に降りて、改めて壁を見るとどの壁にもみっちりと、落書きがされていた。落書きは、グラフィティ、ブロックアートなどと呼ばれることもある。

こういう落書きは、バスキアやキース・へリング、現在だとバンクシーが有名だ。

ちなみにバンクシーの絵はステンシルアートという描き方をしている。もともと作っておいた型紙の上からスプレーを吹き付けて絵にする。ステンシルの良い点は、素早く描けるところだ。

ここにあるのは、ステンシルではなく、スプレーで一からゆっくり描いている。通報されることもないから、急いで描く必要もない。

描かれている絵で代表的なのは、ローマ字を崩した感じで描く落書きだ。渋谷とかでよく見る、アレである。

コンクリートむき出しの壁に、色とりどりの文字が描かれているのはいかにもスラムが舞台の映画のワンシーンのようでかっこいい。

映画『チャッピー』で悪い奴らがたむろしていた場所を思い出した。

他にもアニメやゲームの絵が描いてあるのも多い。シンプソンズ、ドラゴンクエストのモンスター、といった元ネタありの作品もあるし、シーサーやブラックバスなどオリジナルの絵もたくさん描かれていた。

一番、笑ってしまったのは藤子不二雄のパーマンがスプレー缶を片手に街を落書きしている絵だった。

しばらく一つ一つの絵を見たり、全体を見渡してディストピアな雰囲気を味わったりしながら廃墟内をウロウロした。

ただ廃墟なので、床に穴が開いていて、下の階に抜けているところもあり、ボヤボヤ歩いていると危ない。そもそも、海側には壁も窓もついていないので足を滑らせたら落ちる。下手したら命を落とす、危ない場所だ。

ただ、そこから見える景色は最高にキレイだった。


一階まで降りると、外に出ることができた。

一旦外に出て見上げると、本当に飾り気のないコンクリートむき出しの建物なのが分かる。そもそもなんでこんな場所に、こんな建物が建っているのか、不思議だと思う。

現代的な絵が多くカラフルでかっこいい

なんでもここは元々町有地だったが、貸し出されて建造物が建てられることになった。焼き肉場、バーベキュー場になる予定だったといわれている。そのため、焼き肉要塞という名で呼ばれることもある。

しかし、建設途中で安全に問題があると判明し、頓挫してしまったそうだ。

建築途中で放棄されてしまった廃墟はたまにある。人が住んでいないし、使われていなかった場所が多いので、比較的キレイな廃墟が多い。ただエレベーターの場所に穴がスコーンと空いていたり、鉄骨がむき出しになっていて危なかったりする。この建物も廃墟だから、そこそこ危ない場所も多い。

しかし、どれだけ杜撰な計画だったんだろう。ここまで建てるのに、億単位の金がかかっていそうである。しかも真鶴半島の先端にこんな大きなバーベキュー場が完成していたとして、満足な集客ができていたとも思えない。そんな考えなしの人たちのせいで、税金ってどんどん無駄に使われていくんだろうなあと思う。ここが税金で建てたかどうかは知らないけどもだ。

ただ、そんな失敗のおかげで、かりそめの廃墟天国ができたのは個人的にはうれしい。

真鶴ブロックアートには多くの人が訪れていたが、ある日に行くと「立入禁止」の板が貼られていた。

そしてまたしばらくすると、鉄条網つきのしっかりとしたフェンスが張られてしまった。フェンスには「立入禁止」と張り紙がなされている。おそらくもう二度と見ることができない廃墟になった。

廃村がなくなる前に　横須賀市田浦

どんな観光地もいつかはなくなってしまう。このご時世だ。人気がなければサクッと閉館されてしまうし、たとえ人気があっても地震や火事であっさりなくなることもある。場合によってはテロリストが嫌がらせで爆破する、なんてこともある。

ましてや本来は観光地ではない廃墟や廃村などは、よりアッサリと消滅する。僕らには「ああ、コノ場所。いつか行ってみたいなあ……」

なんて言ってる時間はないのだ。

僕が今日訪れた場所は、神奈川県横須賀市田浦町にあった通称「田浦廃村」である。経験からすると、廃村があるのは非常に僻地である場合が多い。「都市から遠く離れた山中にあり、途中からは自動車が走れない道を40分歩いてやっとたどり着いた」みたいな場所が多い。

しかし「田浦廃村」があるのは田舎ではない。まず歩いて15分の場所に田浦駅がある。港には海上自衛隊の施設をはじめ様々な施設があり、山側は住宅街として整備されたくさんの一戸建てが並んでいる。いわゆる閑静な住宅街である。もちろん学校もあれば、商業施設もある。歩いていける場所にコンビニがある廃村というのは、とてもレアだ。

街中から歩いて、廃村に向かった。

住宅地を「田浦廃村」がある方向に抜けると、横須賀線の小さな踏切があった。踏切を渡るとスッと雰囲気が荒んだ。人が住んでいないことが、感覚で分かる。道の端に、カビが生えて黒くなった看板が張り出されている。

「田浦町四丁目B急傾斜地崩壊危険区域」

と書かれていて、地図に赤ペンで数字がふられていた。

地図の意味はよくわからなかったが、とにかく「ココが危険な場所である」ということだけは分かる。

そしてもうしばらく進むと、左に鉄骨が組み合わさって出来た施設が現れた。そこは「田浦変電所」だった。

ここは生きている施設だったのだが、禍々しさを感じるほど巨大だった。僕は、廃村の近くにこんな施設があると知らなかったので、ビビって足がすくんでしまった。

おそるおそる先に進むと、分かりやすくボロボロになった小屋が出てきた。壁には穴があいているし、天井は蔦などの植物ですっかり覆われている。

そこには手書きの看板が張られていた。ハイキングコースと、駅と商店街への行き方を示す簡単な案内図だった。山中にはホタルの名所があり、遊びに来る人もいたようだ。

さらに奥に進むと、立派な一軒家がある。古民家ではなく、よくある現代的な建物だ。窓は誰かの手によって開け放たれていた。

外から中を覗くと、少し荒らされているものの、住んでいた当時の様子は残っていた。目立つところに97年のヤングマガジンが転がっている。タレントの「パイレーツ」がグラビアで、巻頭カラーは『カイジ』（福本伸行）だった。

後で調べた所、パイレーツがデビューしたのがこのヤングマガジンだった。「だっちゅーの」のフレーズでブレイクする直前だ。『カイジ』も現在も連載が続いているから最近の漫画な気がするが、はじまったのはもう30年近く前なのだ。

床には雑誌、タバコの空き箱、日用品の中になぜか赤いブルマが落ちていた。誰かがいたずらで置いたのかもしれない。ブルマ自体見たのがずいぶん久しぶりなので少しだけノスタルジックな気持ちになった。それ以外にも、不思議なくらいたくさんの荷物が残されていた。

その家が廃屋になったのは、随分前なのにまだ生活感は残っていた。

家の外には「関係者以外立ち入り禁止」の張り紙がしてあり、黄色いスプレー塗料で「8」と書かれていた。

人がいなくなった建物に数字を書くというのが、なんだかゾンビ映画やパンデミック映画のようで、背筋がゾクッとする。

さらに先に進むと、他の家も入り口は板などで打ち付けられ、立入禁止の張り紙とナゾの数字が書かれていた。

木像建ての古い家屋の多くは崩壊していたが、現代的な建築物はさすがの丈夫さで、20年くらいの放置ではそれほど傷んでいなかった。ただ植物はぐんぐんと野放図に生えていた。室内を枝で覆い尽くし窓から飛び出している場所もあったし、重みで柵をへし折っているところもあった。ジャングルのようになってしまった庭もある。道路はまるで土の道かと見まごうほど、落ち葉が積もっていた。

植物は「おとなしくて動かない、意思のない弱い

かなり崩れているが、生活感が残っていた

生物」なんて言われることがあるが、こういう植物に侵食された場所に来ると、生物としての強さをまざまざと見せつけられる。彼らは意思もあるし、よく動く。人間とはやり方や速度が違うだけだ。

集合住宅の前には「イノシシにご注意ください」という張り紙が出ていた。元々、山中で自然豊かな場所だが、今はもう自然そのものになりつつある。そりゃイノシシも出るだろう。イノシシは山などを取材をしていて、リアルに恐い動物の一つだ。他にも、スズメバチやマムシなども恐い。

ふと汚れたブロック塀を見ると、ボロボロの張り紙が出ていた。ワープロで印刷したような手作りな張り紙だ。そこには

「この付近一帯に　マムシ　がいます。注意して下さい。どんどん増えています。見たら殺してください」

と書かれていた。今まで見てきた中でも、トップクラスでこわい張り紙だった。

思わず、ヒステリックな叫び声を上げながらマムシを踏みつけて殺している女の人を想像してしまう。しかし、もう蛇を殺すはずの人間がいないのだから、マムシも安心してウ

ジャウジャ増えているのだろうか？　それも恐い……だけど、やっぱり「見たら殺してください」って張り紙を貼る人のほうが恐い。

側溝には置きざりにされたのか、それとも誰かが捨てたのか、原チャリが埋まっていた。その近くには、子供用のロボットのオモチャが落ちていた。ゴミと一緒に捨てられているのを不憫に思ったのか、フェンスに立てかけられていた。日本のお城っぽい特徴的なデザインのロボットだったので、後で調べてみると『忍者戦隊カクレンジャー』（1994年）の無敵将軍というロボットだということがわかった。このオモチャで遊んでた子供も、今はもうそこそこのオッサンになってるんだろうな〜と、思う。

この廃村は
「いかにも当たり前にあった、90年代の普通の町並みから、急に人が消えてしまった」

という雰囲気がとても恐い。

ゾンビ映画などで、町並みは今まで通りなのに人だけいなくなっているシーンが描かれることがある。例えば『28日後…』では、人がいなくなったロンドンがとても象徴的に描かれていた。歩いていると

「なぜここから人がいなくなってしまったんだろう？」

という疑問が何度も頭に浮かぶ。

それが恐い。

ただこの場所から人がいなくなったのは、バイオハザードのせいでも、呪いのせいでもない。れっきとした分かりやすい理由がある。

1997年から「湘南田浦ニュータウン計画」という、ここ一帯を再開発する事業が稼働した。そして住人の立ち退きが進んだ。稼働後もしばらく人が住み続けた家屋もあったそうだが、結果的には誰もいなくなった。外にスプレー塗料で書かれた数字は、施工者が作業の過程でつけたものだろう。

しかし、なぜか計画はそこで頓挫してしまう。97年にスタートした計画ならば、計画が立てられたのはバブル前後だろう。バブル景気のイケイケのノリで計画を立てたが、どうやっても採算取れないと気づいてやめたのかもしれない。

とにかく全員が立ち退いたところで、この村は20年間時間が止まってしまった。

そんなとても珍しい場所だった。

僕が訪れた後、廃村前にバリケードが張られて、中に入ることができなくなったという噂を耳にした。実際、ネットで検索すると、バリケードの画像が出てきた。

入れなくなって残念だなと思っていたら、今年に入りついに解体がはじまったという話が出た。建物を取り壊した際に出た、大量の廃材が運び出されたという。

グーグルマップの航空写真で見てみると、田浦変電所は健在だったが、その周りの建物はキレイサッパリとなくなっていた。

重機はまだ残されていて、作業をしていた。

今後は「太陽光メガソーラー」が設置される予定だという。

奇妙な廃村は、ソーラーパネルが整然と並ぶ場所になる。変電所の近くにあるのにはむしろふさわしい建造物かもしれない。

4

不思議スポット

おもしろミュージアム

シャレコーベの誘惑　尼崎

とある土曜日に、大阪でトークライブが入った。

翌日は、夜まで自由な時間になった。何をしようか考えていると、ハッと日曜日しかやっていない博物館があるのを思い出した。

尼崎にある「シャレコーベミュージアム」である。シャレコーベとは髑髏、頭蓋骨、スカル、のことである。

僕はスカルモノが大好きである。ひまがあればスカルモチーフのイラストを描いているし、家にも頭蓋骨の模型や、スカルをモチーフにしたグッズはたくさんある。

青木ヶ原樹海でいくつも頭蓋骨を見てきたが、毎回内心
(持って帰りたいなあ……)

と思っている次第である。

ただ、なんらかの拍子で警察に家宅捜索されて、部屋から人骨が出てきたらエライコッチャである。なので毎回、後ろ髪引かれる思いで帰っているのである。……骸骨に後ろ髪引かれるって怖い絵だなあ。

というわけで、ぜひとも足を運んでみたい博物館だったのだが、日曜日しか開館していないというのがネックでなかなか足を運べなかったのだ。しかも新型コロナの影響でしばらく閉館してしまっていた。

ホームページを見ると、再開していたが完全予約制になっていた。運良く予約を入れることができたので、意気揚々と博物館に向かった。

阪神尼崎駅から国道2号線沿いに2~30分歩く。周りはとくに何もない平和な住宅街だ。エッジの効いた博物館がある地域には思えないが、突如その博物館は現れた。

博物館正面には「世界初! 頭蓋骨博物館」と大きく書かれている。大きな頭蓋骨のモ

ニュメントも飾られている。人類の起源のサヘラントロプスの骸骨だそうだ。

なるほど〜と思いながら、博物館の入り口になる建物の裏側に回った。そこで、改めてビックリした。建物自体が、頭蓋骨になっていたのだ。『キン肉マン』に登場する、キン骨マンのような造形のスカルだ。初代館長のデザインで、2003年に完成したそうだ。

僕もスカル大好きだけど、さすがに
「自分の家をスカルにしよう!!」
とは思えない。敗北感を感じた。

庭園には手作り感アリアリのネアンデルタール人の巨大な骨のオブジェが設置してあったり、自動車もスカル仕様になっていたりと、やる気満々である。

骸骨の口の部分にあるドアから中に入ると、受付の男性からA4の紙を渡された。

建物がすでにシャレコーベ

「クイズになっています。会場内にヒントは散りばめられてます。最後に答え合わせしますので、お渡しください!!」

とのことだ。せっかくなので全問正解してやるぜ、と気合を入れた。

受付のある一階には、ロックバンドのスカルTシャツや、ウォレットチェーン、ヘルメットなどがたくさん並べられている。

そして二階にも壁に並んだショーケースに、これでもかというくらいのスカルグッズが並んでいる。アカデミックな標本ではなく、中二病全開の子らが好みそうな、とっぽいデザインのグッズたちだ。

スポーツマンスタイルの骸骨、アメリカンなバイクを乗る骸骨軍団、天使なのに顔だけ骸骨な人形、墓場から蘇り美女に噛み付く骸骨と、騒々しい。

一昔前にはよく、ショップに並んでいた樹脂製のグッズだ。完成度がやや甘いところもキッチュで魅力的だ。不良に憧れるけど、決して不良ではない男子が買いそうなグッズである。

部屋の影には、ブラックライトで光るタイプのスカルが並んでいた。ブラックライトで光るという仕掛け自体が、チープで良い。

一つ一つは珍しいものではないけれど、こんなにおびただしい数をいっぺんに見る機会はないから楽しい。

昨今は日本でも定着した、ハロウィンの電動スカル人形もたくさん並んでいた。ハロウィンの時期には、イベントもあるようだ。

そして奥の部屋。外から見たら、骸骨の鼻があった場所だ。そこには民族的な雰囲気が漂う、大きい骸骨グッズがたくさん置いてあった。

大量のスカルグッズを目にして思うのは、頭蓋骨って実は全然怖くないということだ。マークとしてキャッチーだし、カッコイイとも思うけど、でも怖くはない。

『狂骨の夢』（京極夏彦）にも、「骸骨系統の妖怪は本来煩悩から解き放たれて陽気にはしゃぐような一面がある」と書かれていた。

肉と一緒に、色々綺麗に流れ落ちてしまって洒脱の極みになっているというのもあるし、骸骨の表情（というのも変だが）がなんだか陽気に笑っているように見えるのも理由の一つかもしれない。

骸骨が活躍する映画といえば『アルゴ探検隊の大冒険』（レイ・ハリーハウゼン）や『キャプテン・スーパーマーケット』（サム・ライミ）などを思い出すが、どちらも骸骨たちはわちゃわちゃと大量に出てくるコメディーリリーフ的なキャラだ。

なんて考えながら、最上階の三階にたどり着いた。一～二階に比べてアカデミックな雰囲気だ。なんと言っても、本物の頭蓋骨も展示してある。

1500年前のペルーの変形頭蓋骨がまず目に入った。成長期に頭を縛って後頭部の長い頭蓋骨にわざと変形させたものだ。想像以上に変形している。纏足を頭でやっているようなもんだ。頭を引き伸ばされたペルー人も、1500年後に日本の尼崎で展示されることになるとは思ってもいなかっただろう。

ネパールの頭蓋骨で作られた頭蓋杯、チベットの金属で装飾された頭蓋骨、彫刻されたチベットの僧侶の頭蓋

スカル好きにはたまらない

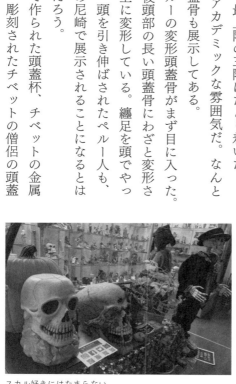

骨、なども展示されている。メタル装飾されたスカルは、スター・ウォーズのＣ３ＰＯみたいだ。初代館長が、収集をはじめたキッカケになったスカルらしい。さすが、良いセンスしている。

インディー・ジョーンズの4作目のテーマになった『クリスタル・スカル』も展示されていた。ただズラーッとダースで並べてあるので、価値が少し暴落してしまう。

マンモスの牙や、カバの歯で作ったお土産用のスカルの彫刻もいくつかあった。サンディエゴ製の象牙のスカルには、カエルと蛇がビッチリと取り付いている。

中世ヨーロッパの墓には、亡くなった人が骨になったり、カエルやヘビにたかられている（食べられている）墓標「トランジ」が建てられているのを見る。

日本で言えば、屋外の死体がくちていく様子を海外にした九相図に近い。こういうのは本当に昔から好きである。

死をモチーフにした作品っていいよな〜。興奮するよな〜。

……などつらつら考えながらも、しっかりとクイズに答えて、一階に降りて受付のお兄さんに手渡した。

「おお、全問正解です!! 実は珍しいんですよ。だいたい皆さん1問くらい間違われる!!」

とほめられ、表彰状をいただくことができた。少し話を聞いてみると、去年初代館長が急逝されてしまったのだそうだ。閉館することも視野に入れたそうだが、娘さんの頑張りで延命することになったという。

「でもいつ終わるかわかりませんね」

と寂しいことを言われた。

少しでも長く続いてほしいな～と思い、シャレコーベミュージアム特製のマグカップを買って帰った。

つやま自然のふしぎ館の一番のふしぎ

前々からずっと行きたいと思っていた岡山県津山市にある施設に行くことができた。

津山市へは「津山三十人殺し」（『八つ墓村』のモチーフにもなったといわれる昭和初期の大量殺人事件）の取材で何度か訪れている。

ただ「津山三十人殺し」の現場の最寄り駅は美作加茂駅だ。最寄り駅と言っても駅から5キロも離れているが。津山駅には今回はじめておりた。

到着した日はたまたまクリスマスだった。そして件の施設は定休日であり、しかたなく男一人で津山の街をフラフラ歩いたり、津山城を巡ったりした。津山城の石垣にはハートの形の石があり「愛の奇跡」と呼ばれていた。恋人どうしの新名所だそうだ。「けっ」と悪態をついて安いビジネスホテルに帰る。

そして翌朝、ついに施設に足を運んだ。

その施設は「つやま自然のふしぎ館」という博物館だ。ひらがなの多い、最近っぽい名前の施設だが、もともとは「津山科学教育博物館」という固い名前の施設だった。

そして、建物自体は「津山基督教図書館高等学校夜間部」の校舎を再利用している。大正15年に開館したとても古い建物だ。

博物館を作ったのは元呉服店の跡継ぎだった森本慶三氏で、私財で図書館、高校、博物館を立ち上げた。そして「津山科学教育博物館」が開館したのは昭和38年だ。

700円の入館料を払い、いよいよ館内に入ると、まさにそこは〝昭和〟だった。脳がズキューンと子供時代にタイムスリップしたような感覚になった。

壁には手描きの絵で古代の生命が描かれ、同じく手書きの地質年代表があり、ガラスケースに実際の化石が並べられている。反対側の壁にはやはり手描きで自然の山々が描かれている。そして絵の前には、様々な動物たちの剝製が並んでいる。

この施設は、800種類を超える剝製が展示してあることで知られている。他の博物館にはない希少な動物も多い。それは希少動物の取引を規制するワシントン条約が制定される1958年よりも以前に収集されているからだ。ゴリラ、キリン、ヒョウ、トラ、ライオン、ヤマネコ、クマ……などなどの動物たちがジッとガラスの向こうにいる。

剝製といえば、東京は上野にある国立科学博物館の吉本コレクションが有名だ。生きていると見まごうばかりの剝製たちがズラーッと並んでいるのは圧巻である。

つやま自然のふしぎ館の剝製たちは、それとはまた別の迫力がある。それは、古いコレクションだけに〝できが悪い剝製〟もたくさんあるのだ。

ライオンやヤマネコの剝製は見よう見まねで適当に作ったようだ。ヤマネコの足はハンガーを無理やり曲げたような変な角度で曲がっていた。まるで別の生き物のようで、すこしゾッとする。ブードゥーの魔力で無理やり生き返らせたゾンビのようだ。

迫力を出したかったのだろうか、とにかく怒っている獣が多い。

ライオンもヒョウもトラも、みんな牙を向いて怒っている。

ホッキョクグマとミナミゾウアザラシはにらみ合い一触触発の状態だ。実際には北極と南極に住む、最も出会わない動物たちだ。

「肉食獣はとにかく激しく怒らせろ!!」

と昔かたぎの剝製屋の親方が怒っているのが頭に浮かんだ。彼らは、数十年ずっと博物館を訪れた人たちを威嚇してきたし、今後も数十年数百年威嚇し続けるのだ。

激しく怒るトラ

この博物館には化石や貝類、昆虫など2万点以上も展示されている。地味だけど、興味がある人にとってはとても貴重なコレクションだ。かつて平成天皇が訪れた時に撮影された写真も展示されていた。

そして、この「つやま自然のふしぎ館」の最も驚愕な展示物が「人体標本の展示」だ。

死体の博物館といえば、タイのシリラート病院博物館が有名だが、日本でも見られると聞いて驚く人も多いだろう。人体の展示の場合その〝遺体〟の出どころが問題になる。日本でもたびたび開催されていた「人体の不思議展」で展示されていた遺体は、拷問死した法輪功のメンバーではないか？　と問題になった。

しかしこの館で展示してある、遺体には問題がない。なぜなら森本慶三氏の遺体なのだ。

「誰だそれ？」

と思った人はこの原稿の最初の方を読み返してほしい。この博物館を作ったその人である。

氏の遺言にもとづいて、臓器が展示してある。「心臓」「肝臓」「腎臓」「肺」、そして「脳」が四角いガラスケースに入れて並べられていた。

ガラスケースの前には「心臓切断」「腎臓」「脳」などと書かれた説明のプレートが貼られている。心臓は、構造を見せるために切断したのだろうか？

古い標本なのでホルマリン液は汚れ、臓器は変色している。グロいとか、残酷とかそういう感覚はわかない。

ただ、やはり人間の臓器が展示してあるという事実は胸をドキドキとさせる。そしてケースの上には、遺言状も貼られていた。

どういう気持で自分の身体を展示しようと思ったのか？　なかなか興味深い。

キリスト教を信じる館長らしく、「人は万物の霊長」と書かれた額縁とともに、女性の人体模型が展示されていた。

ただ、バラバラになった館長の身体は、展示されている他の動物たちとあまり変わらない。

「人間ってやっぱごく普通に哺乳類の一種なんだな」

と実感する。

切断された心臓のホルマリン漬け

そういう実感は実は大事なものだと思う。嘘くさい新興宗教はだいたい「人間だけは特別だ」と言う。人間がスーパーに並んでいる動物となんら変わらないことを理解したら、カルト宗教に騙されづらくなる気がする。とても良い勉強の場だ。

この博物館では、期間限定でナイトミュージアムを実施している。昭和感バリバリの雰囲気の中、しかも人間の死体が展示してあるミュージアムを歩くのはかなり怖いはずだ。タイミングがあったらぜひ参加したい。

イルカとクジラをめぐる冒険　太地町

和歌山県の太地町はイルカ漁、クジラ漁が盛んな地域だ。

僕は以前からこの街を訪れたいと思っていた。大阪出張のたびに「なんとか行けないかな～？」と計画を立てていたのだが、紀伊半島はとても大きい。

大阪駅から太地駅までは乗車時間4時間、運賃６３７０円もかかる。なかなか上手いこと計画が立てられないでいた。

以前、やはり紀伊半島の南側にある白浜に行ったことがあった。目的は自殺の名所「三段壁」と、パンダがいっぱいいる動物園「アドベンチャーワールド」だった。大阪から乗車時間2時間半かけて行ったのだが、地元で話を聞いていたら
「東京からだと、羽田から飛行機で南紀白浜空港に来る人が多いよ」

とのこと。確かに飛行機だと往復1万5000円〜2万円くらいでチケットがあった。たしかに陸路で来るより、安いし楽そうだ。

とにかく、訪れるのにまあまあ手間のかかる場所なのだ。

太地町はかねてから「シーシェパード」などの動物愛護団体に狙われ抗議運動を受けていた。彼らは、過激な活動を繰り返したため入国ができなくなったそうだ。

代わりになのかどうなのかは知らないが、去年から「アニマルライツセンター」が抗議運動をしているという。

「アニマルライツセンター」といえば「動物はごはんじゃないデモ行進」を開催し話題になった団体だ。それに対抗し「動物はおかずだデモ」を開催して、積極的にからんで

いってるのが「やや日刊カルト新聞」の藤倉善郎さんである。

そんな藤倉さんと、大阪のトークライブハウスに二人で登壇することになった。大阪までは藤倉さんの自動車で行く。お金をケチって高速道路を使わない平道での旅行なのだが、旅のついでに太地町に寄ろうということになった。

藤倉さん的には「アニマルライツセンター」を現地で取材して、小馬鹿にして、いじって、アイデンティティーを切り裂いてやろうという腹だろうし、僕としては
「お安く太地町に行けてラッキー!!」

というウィンウィンな関係である。

しかし、東京→太地町は平道だと600キロ以上ある。10時間以上のドライブだ。

太地町についた頃には、もうフラフラになっていた。

しかし、公園にドーン!! と展示された捕鯨船「第一京丸」を見て、テンションがぐっと上がった。自動車を降りると海のにおいがした。

捕鯨船「第一京丸」は1971年に竣工して2007年8月まで操業していた実際の船で、2012年より展示されているそうだ。

残念ながら内部は見られなかったのだが、「内部は当時の様子を資料としてそのまま保存しています」と書いてあったので、いつか見られる日が来るかもしれない。くう～見たいぜっ。

捕鯨船の展示の近くには、クジラの尻尾のモニュメントがあり、まるで陸地で捕鯨が行われているような幻想的なシーンにも見えた。

そしていよいよ、僕の個人的な目的地である「太地町くじらの博物館」に到着した。博物館好きの僕としては、かなりワクワクする現場である。

到着すると、マイクを通した女性の声が聞こえてきた。

「イルカショーをしているイルカたちは、海と大きくかけ離れた、狭いプールで行動範囲を制限されて、あらゆる病気に苦しみながら、死んだ魚を食べさせられて、無理やり芸を覚えさせられて、皆さんの前でパフォーマンスしているのです」

と辛気臭い声でアピールしている。

アニマルライツセンターの人たちが「太地町くじらの博物館」の前に、プラカードを並べて抗議活動をしていたのだ。

カルト新聞の藤倉さんはそういう〝厄介な団体の人たち〟が大好きなので、積極的にからんでいっていた。

藤倉さんが動物愛護団体員とベラベラと喋っているのを横目で見ながら、僕は一人で「くじらの博物館」に向かった。入場料大人1500円と少し高めの入場料を払って館内に入った。

入るとまず目につくのが、天井に展示された骨格標本だった。シャチ、セミクジラの骨格がのびのびと飾られている。

水棲動物の骨格を天井に展示しているといえば、「国立科学博物館」を思い出す。ジンベエザメの標本やすでに絶滅している海竜や大亀の骨格標本が天井に飾られていて、とても迫力がある。

ただ「くじらの博物館」の展示にはとてもドラマ性がある。骨格の上には大きなクジラの模型が吊られていた。そして、そのすぐ隣には色彩豊かな船に乗ったたくましい裸の漁師たちの人形が吊るされている。

命がけの海の漁の様子を再現しているのだ。立体的なとても良い展示だと思った。

二階に登ると「くじらのふしぎ大発見！　展」というコーナーが作られていた。

子供向けに、クジラの生態がよく分かるよう解説している。クジラの年齢を査定するために使う、クジラの耳垢が展示されていた。なんでも木の年輪のように一年で一本ずつ、耳垢に筋がついていくのだそうだ。調査の結果ナガスクジラは１００歳以上生きることが判明した、と書かれていた。

保存液に漬けられた耳垢はまるで薪のようで、こんなの耳に入ってたらゴソゴソするだろうな～と思う。

骨格の見方を解説していたり、イルカが発する音を聞けたり、イルカのオスメスの見分け方を学べたり……と子供でもイルカやクジラを理解できるパートだった。

様々なクジラの骨やヒゲ、歯の実物展示、などが続く。僕は骨格標本がとても好きなの

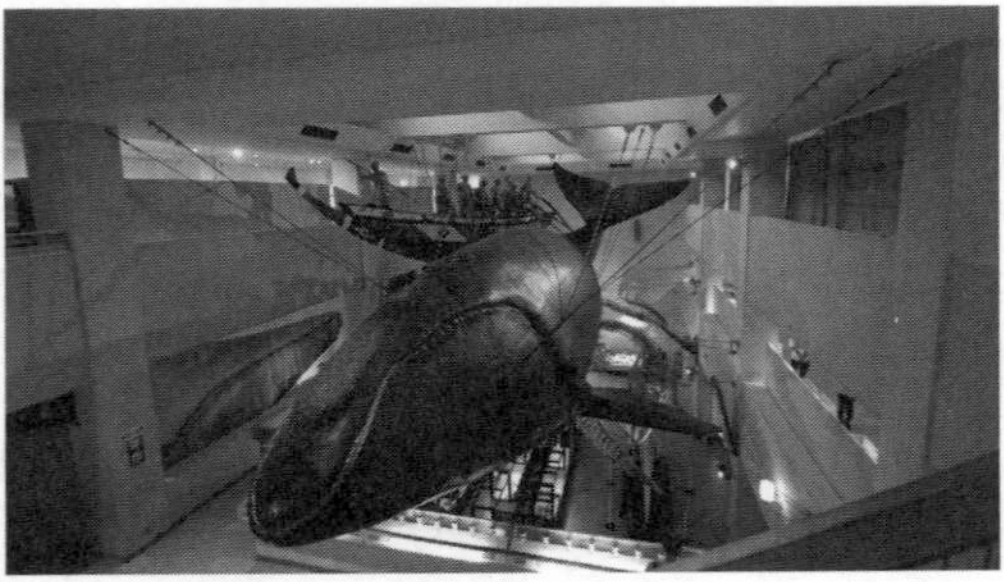
立体的に再現されたクジラ漁

で、見ていて楽しい。

クジラの歯のコーナーにはマッコウクジラやツチクジラの歯に並んで、イッカクの歯も展示されていた。イッカクといえば、角が生えたイルカみたいな海獣だけど、あの角は歯だったのだ。ちなみにオスだけが発達するらしい。

その対面には、胎児のホルマリン漬けのコーナーがあった。ガラスケースに入れられたシャチの赤ちゃんの死に顔が、とても穏やかで安らかだった。思わず
「きれいな顔してるだろ。ウソみたいだろ。死んでるんだぜ。それで」

とつぶやいてしまった。

セミクジラの内臓が四角いガラスケースにホルマリン漬けになって展示されているダイナミックなコーナーもある。

四角いガラスケースにホルマリン漬けといえば、岡山県にあった「つやま自然のふしぎ館」の初代館長の内臓のホルマリン漬けを思い出してしまう。

比べてみると、同じ哺乳類とはとても思えないサイズ感だ。舌、心臓、は想像通りとても大きいが、ただ眼球はさほどでもない。人間よりは大きいけれど、牛くらいのサイズ

じゃないだろうか？　この小さなセンサーで世界を把握してるというのはすごい。

　めちゃくちゃ大きいタラコが置いてあると思ったら睾丸だった。片方の睾丸を二つに割って重ねて置いてあった。片方でなんと100キロ!!　二つで200キロ!!　セミクジラの睾丸は、動物の中で最大なんだという。

　メスの生殖器、子宮なども展示してあったが、ペニスのホルマリン漬けはなかった。残念だな〜と思っていたら、マッコウクジラのペニスの実物大模型が展示してあった。2メートル19センチはでかい!!　ジャイアント馬場の身長よりでかい!!　形は、東京タワーのイメージキャラクター、ノッポンに似ていた。ちなみに、東京タワーのノッポンのプロフィールを見てみると身長2メートル23センチと書いてあった。ノッポンはマッコウクジラのペニスよりも大きかったのだ。ちなみにアンドレ・ザ・ジャイアントの身長も2メートル23センチである。

クジラのペニスとわたし

そして三階には捕鯨に関する様々な展示があった。１６００年代の古式捕鯨で使われていた船のミニチュアが置かれている。館の天井にも展示してあった船だ。鮮やかで粋な塗装がしてあってカッコいいのだが、とても華奢だ。笹の葉のようなシンプルな作りで、この船に15人が乗って、みんなでクジラを狩りに行ったとすると、とんでもない命知らずである。

当時の様子が屏風に日本画で描かれていた。入り江ではクジラにロープがかけられ皆で綱引きの要領で引っ張って陸に上げようとしている。人力にもほどがある。

陸地ではクジラが解体されていて、部位ごとに積まれている。一つ一つの部位が周りにいる人間よりはるかに大きい。絵を見ながら、なんとなくエヴァンゲリオンを思い出した。

そして捕鯨に使われていた道具は、モンスターハンターっぽかった。銛《もり》も剣もデカイ。そら相手がクジラなんだから、道具もでかくなる。

現代になるにつれ、武器も進化していく。五連銃は五つの砲身それぞれに銛がセットされている、凶悪な見た目の武器だ。

現代の捕鯨砲は、まるで宇宙戦艦ヤマトかなにかに出てくる近未来兵器みたいな形をしていた。先端部には火薬が入っていて、命中するとかぎ爪が開くという、聞いただけで痛くなるようなシステムをしている。

捕鯨の歴史については、様々な資料を使って詳しく説明してあった。1878年に起きた「大背美流れ」では荒天の中出港し、100人以上が亡くなった……という解説には戦慄した。この事件が起きたおかげで、200年以上続いた古式捕鯨は壊滅してしまったらしい。

日本人も海外の人も捕鯨の歴史には興味がある人が多いようで、皆足を止めてじっくりと読んでいた。

いやはや、とても充実した博物館だった。

館外ではイルカショー&クジラショーもあるのだが、今日は開催時間を過ぎてしまっていたので、明日また来ることにして外に出た。藤倉さんと合流する。

「いやあ、村田さんがくじらの博物館に入った後、アニマルライツセンターの運動に反対する右翼団体が来て揉めてましたよ。警察もいろいろな地域から集まって来ているみたいですね!!」

ととても楽しそうに話す。動物愛護団体、右翼、警察官……は全部、僕が苦手な人たちだ。普段はのどかな漁師町に、僕が嫌いな人たちがジャンジャン集まってきているかと思うとゲンナリした。

その日は紀伊勝浦駅近くのバックパッカーズ向けのホテルに泊まった。さぞかし汚いんだろうなあ、と思っていたのだがとてもキレイなホテルだった。

翌朝、藤倉さんは僕が苦手な人たちを取材しに出かけて行っていた。僕はホテルに備え付けの洗濯機で、服を洗いながらボーッと小説を読んでいた。

ソファも洗濯機も新品同様だった。店長が来たので、話を聞いてみると、なんでもオープンして数日しか経っていないという。どおりでキレイなはずだ。

なんでも最初のお客さんはドイツ人の女性と、ロシア人のおじさんだったそうだ。

「どこを観光しているんですか?」

と聞かれたので、太地町を取材していると素直に答えた。話のついでに、

「普段クジラやイルカは食べますか?」

と聞いてみた。

「太地町の人たちはクジラ、イルカ食べますよね。僕も昔は食べてました。小学校の頃とかですけどね。でも最近は食べなくなりました。会社勤めしてた頃、名古屋に転勤になったんですよ。そこで『地元ではクジラ食べてますよ』って話をしたら『この人でなし!!』って怒鳴られたんです。それ以来、海獣を食べるのはやめちゃいましたね」

人が食べてるモノを指して「人でなし」というとは、なんて人でなしなんだろう。

僕は名古屋出身なのだが、たしかに小学〜中学の給食でクジラが出たことはなかった。ただうちの母（名古屋出身）と父（三重県出身）は給食で散々食べたと言っていた。給食で出されたクジラ料理は美味しくはなかったらしく

「牛や豚を食べられるのに、わざわざクジラを食べたくない」

という理由で実家の食卓にはのぼらなかった。だから、僕がクジラを食べたのは、社会人になった後だと思う。たしかに名古屋にはあまり海獣を食べる習慣はなかったが、でもクジラを食べてる人に対して「人でなし」などとは思わなかった。

「世の中には嫌なやつがいるもんだな〜」

と、乾燥機を回しながら考えた。

とても爽やかな朝だったが、なんだもモヤッとした気持ちになった。そんな頃に、藤倉さんが取材から帰ってきた。

そして再び2人で「くじらの博物館」へ向かった。

ちなみに太地町はとても気持ちが良い街だった。漁港に立つと、山と海が一望できる。まるで絵に描いたような絶景だ。

鯨の骨で作った鳥居がある「えびす神社」、クジラ漁が始まる前の1590年に建造された「飛鳥神社本殿」、海を一望できる岬にある「岬神社」「金刀比羅神社」と興味深い神社も多い。

「落合博満野球記念館」もあって、博物館好きの僕としてはとても行きたかったが（野球好きではない。あしからず）、時間の都合で行けなかった。次回来た時はぜひ足を運びたい。

港にある「太地漁協スーパー』ではクジラ肉を売っていた。「花ゴンドウのウデモノ（太地産）」という商品を売っていたのを見て
「うで？　腕かな？　ってクジラに腕とかないよなあ」

などと言ってたら、通りがかりのおばさんが
「内蔵を茹でたモノだよ」

と呆れた顔で教えてくれた。

そしてまた「くじらの博物館」に入館した。館の外にある、入り江に作られたプールでイルカショーとクジラショーが開催されるのだ。その前には、シロナガスクジラの骨格の模型が設置してあり、とてもカッコいい。

僕は水族館大好きなので、イルカショーは何度も見たことがある。ただその中でもかなりクオリティーが高いショーを見ることができた。飼育員とイルカの息もピッタリだったし、プールも広いのでジャンプや水面ウォークの技ものびのびとできているように感じた。

そしてショーの後、３００円を払うとイルカのボディにタッチできる企画があった。なんだかストリップを見た後に、チェキを買うみたいな感じだな……とか思う。

僕は基本的に動物を信じていないのであまり近寄りたくなかったが、藤倉さんが
「触りたい‼」

というので、半分付き合いで並んだ。そっとイルカの背中に手を置くと、ツルツルした

樹脂のようなさわり心地の肌の下に、熱く太い筋肉を感じることができた。グッグッと静かに動いているのが分かる。

その他にも「イルカのトレーナー体験」「餌あげ体験」「ふれあいスイム」などのサービスもある。

また併設されている「太地マリナリュウム」という水槽では水中から泳いでいるイルカを存分眺められる。時間があるなら、半日くらいボーッと眺めていたかった。

そして最後に、クジラショーを見る。

オキゴンドウ、ハナゴンドウ、コビレゴンドウの3匹のクジラがショーをするという。クジラショーを見るのははじめてだ。

飼育員のお姉さんの合図で、海からドッと黒い身体が飛び出す。

デカイ。

デカイだろうとは思っていたが、それにしてもデカイ。飛び出した勢いで、体全体が宙を舞う。

「おおー!!」

と観客の老若男女の口からは感嘆の声が漏れた。

そして身体をひねりながら、着水する。ドーン‼　という音とともに、水しぶきが舞い上がる。水しぶきは、飼育員のお姉さんにモロにかかった。笑いがおきた。

これくらい分かりやすく、そして圧倒的なショーもない。

飼育員のお姉さんが待つ板状のボートの上にクジラが登っただけで大きな歓声が上がる。人の何倍もの大きさの動物がそこにいるというだけで、人はとても興奮するのだ。

ふと見るとスウェットスーツを着たお姉さんが海上を、ザザザッと滑っている。なんとクジラの上に乗って移動しているのだ。ジジイな僕は『海のトリトン』のオープニングを思い出してしまった（トリトンが乗ってるのは白いイルカだけど）。

とても素晴らしいショーだった。このショーはぜひ生で見ることをオススメしたい。

博物館の外に出ると、動物愛護主義者による抗議運動がはじまっていて、それに抗議する右翼や、もろもろ取り仕切る警察官たちでわちゃわちゃしていた。とても嫌な気持ちになった。

KYOTO SAMURAI & NINJA MUSEUM

京都は見たいモノがたくさんある都市だ。

二条城、清水寺、晴明神社といった歴史的な建造物もあるし、意外にもスラム街も多い。なんかねえかな～？　と地図を眺めているとと「ＫＹＯＴＯ ＳＡＭＵＲＡＩ ＆ ＮＩＮＪＡ ＭＵＳＥＵＭ」という施設を見つけた。京都の地図に、アルファベット表記は目立つ。「京都侍忍者ミュージアム」なんだか分からないけど、面白そうだし行ってみることにした。

その施設は京都の寺町通りにあった。

豊臣秀吉の京都改造で寺が集められた通りである。キョロキョロ探しながら歩いていたら、にこやかなおばあさんに
「あら。本能寺はこっちよ!!」

となぜか本能寺の行き道を教えられた。本能寺に行くつもりはなかったのだが、せっかくなのでお参りしといた。

ちなみに本能寺も豊臣秀吉によって移転してきた寺だ。もともと本能寺があった場所もそんなには遠くはなく南西に1・7キロほど行ったあたり。ちなみに今は、特別養護老人ホームになっている。

寄り道しつつウロウロしていたら、階段に忍者が隠れているのを発見した。若者にも人気な寺町通りに、忍者ってすごく目立つ。

ビルには派手に、「KYOTO SAMURAI & NINJA MUSEUM」と書いてあった。さっそく一階の受付に行ってみた。

忍者姿のお姉さんがいたのだが、すごいビックリしたような顔をされた。

「え、あ、あの、日本人の方ですよね？　展示には英語表記しかないのですが大丈夫ですか？」

忍者が目立ってしまっている

と動揺を隠しきれないといった感じで説明された。聞いてみると日本人が来ることはほとんどないらしい。まあ、そらそうか。入場料1900円を払って中に入る。博物館の入場料としてはちょっと高いかな？　とその時は感じた。

「それでは着替えましょう!!　サムライとニンジャ、どちらがいいですか？」

と明るく聞かれた。

お姉さんも調子を取り戻し、コンパニオン口調になっている。

ミュージアムと言うから展示物を見るだけなのかと思ったが、なんと自分が変身する所からはじめるのか。

サムライを選択してみる。上下を履いて、模造刀を脇にさして、なんとなくサムライなのか？　というような形になった。

「しばらく館内を見学していてください」

と言われたので、サムライの格好のまま、プラプラとする。

立派な神棚の下には鎧が並んでいた。立派だなあとは思うものの、モノの良し悪しは全然分からない。日本人だって、鎧を見る機会なんてそんなにはない。

そしてガラスケースには日本刀がズラッと並んでいた。本物の日本刀らしいが、やっぱり良し悪しはよくわからない。

戻ってきたお姉さんに、

「実はこの刀は全部販売しているんですよ。このエイの皮で柄などをあしらってる刀はフランスの方がお買い上げになっています」

と説明された。売り物を展示しているとは驚きだ。

東京タワーの水族館で展示されてる魚が全部売り物だと知った時以来の驚きである。

値段を聞いたが、それも高いのか安いのかよくわからなかった。

壁には侍&忍者の説明が書かれていたが、言われていた通り英語だったので、あまり読めない。「神風」「封建制度」「武士道」「相撲」などが英語で書かれているのはなんとか読めた。

封建制度の説明では、ヒエラルキーのピラミッドが描かれいる。

一番上がエンペラー、二番がショーグン。三番目がダイミョーで四番目がサムライになっている。まあなんとなく理解ができるとして、五番目はローニンがずらっと並んでいた。ローニンってそういうことだっけ？　なんか違うような。

そして六番目ファーマー、七番目クラフトマン、八番目マーチャンツ、と続く。つまり農工商だが英語で言うとかっこいい。

ちなみに神風も「ザ モンゴリアン インベーション ＆ ザ カミカゼ」と書かれていてかっこよかった。

すると忍者のお姉さんがやってきて
「それでは、まずは手裏剣を投げてみましょう‼」

と声を上げた。壁のカーテンをめくると、的の描かれたスポンジ板があらわれた。そしてゴム製の手裏剣を2枚渡される。

「真ん中めがけて投げてみましょう‼」

サムライの格好で、ヤア‼　ヤア‼　と手裏剣を投げる。ゴム製は重さがたりないので、なかなか的に刺さらない。

普段全然運動をしていないので、すぐに息が上がってきたし、肩も痛くなってきた。結構長い時間、手裏剣を投げていた。やっと終わったと思ったら吹き矢を渡された。

「忍者は虚無僧のスタイルで吹き矢を武器にしたといわれています。尺八と思わせて吹き矢を撃っていたんですね」

素直にプー!!　と息を吹き込むと、パス!!　と的に刺さった。手裏剣よりは簡単である。

もし将来、忍者になったらエモノは吹き矢にしようと思った。

「それでは最後に食事中に襲われた時を想定しておハシを投げましょう!!」

と塗りばしを渡された。

「なかなか、ハシを投げるチャンスなんてありませんよ!!　普段なら怒られてしまいます!!　今存分に投げておきましょう!!」

まあ一人暮らしの中年男性が、自宅で飯を食いながらハシを投げた所で誰にも怒られることはないけど、涙はあふれると思う。

何度かトライした後、プスっと刺さった。

「すごいです!!　センスあります!!」

と満面の笑みで褒められた。

多分、一生役に立たないセンス!!

その後、上の階に移動して、鎧兜に着替えさせてもらった。

兜は本物だったが、鎧は羽織れば着られる簡易的なものだった。ただ、予約しておけば本物の鎧を30分かけて着せてもらえるのだという。たしかに本物の鎧は着てみたいかも。オランダ人なんかの体格の良い人が着たら、かっこよさそうである。

そろそろ終わりかな？　と思ったところで、お姉さんに
「SAMURAI SWORD SHOWがあるので見ていかれますか？　外国の方と一緒になりますが？」

と聞かれた。

そりゃ見れるものは、なんでも見たい。

白人の大家族が来ていて、大いに盛り上がっていた。たしかに、キモノ着てカタナ持って、シュリケン投げたら楽しいと思う。

そして、舞台には迫力のある黒い和装の男性があらわれた。日本刀を握っている。気合とともに、抜刀する。目にも留まらぬスピードでブン!!　ブン!!　と刀が宙を舞う。なるほど、SAMURAI SWORD SHOWとは居合術の披露だったわけだ。

「ワオ!!」

「オウ!!」

と外国からのお客様も盛り上がっていた。

終わってみれば、1時間以上みっしり楽しめた。これで1900円なら高くはないなと思えた。

一階のショップでは、ポストカードや模造刀、木刀などが売られていた。テンション上がったついでに買ってやろうか？　と思ったけど、後で絶対に後悔するだろうと、なんとか思いとどまった。

ビックリ宗教施設

台湾のなんでもアリなお寺

数年前の台湾旅行。骨休めのためのプライベートな旅だったのだが、じっとしていることはできずついついネタを探してしまう。

ホテルマンに「金剛宮」という観光寺があると聞いたので行ってみることにした。

金剛宮は台湾の最北端にあった。

台北のホテルから1時間ほどバスに揺られて到着した。道路沿いには海が広がっている。家はチラホラとしか建っていない田舎である。

少し離れた場所に台湾第一原子力発電所が見えた。こちらも観光地になっていて行きたかったのだが、時間がなくて断念した。
周りを見渡すと「四面佛祖 金剛宮」の看板が出ていたので矢印にしたがって進んでいった。

しばらく歩くと入り口が見えてきた。

門の右には孔子らしい巨大な像があり、その横には白い観音像が設置されている。門の左右には、ヒンドゥー教のヤック（夜叉）らしき像もあった。日本では夜叉は怖いバケモノのイメージがあるが、タイではお寺を守護する役目で設置される場合が多い。

中華風の門の前には狛犬が並んでおり、その間を進むと中国の女神、媽祖（まそ）の像と、仁王像（金剛力士像）が並んでいるのが見える。そして駐車場にいるのは、如意棒を持った孫悟空（斉天大聖）の像だった。会館の入り口には千手観音が祀られ、その左右には中国の武将が構えている。

……なるほど、なんでもありな奇寺のようだ。

入り口からは長めのスロープがあり、左右にブロンズ像が設置されている。

「二十四孝」という、中国の孝行者たちを取り上げた書物の登場人物を立体化した作品だった。

おっぱいを出して年寄りに飲ませている像があったので
「おお？『マルサの女』の冒頭シーンか？」

と思ったが、説明を読むと「乳姑不怠」と書いてあった。歯がなくなってご飯が食べられなくなってしまった母に、娘が乳を与えたという孝行話らしい。

爺のための赤ちゃんプレイではなかった。しかし直に母に乳を吸わせなくてもよいと思うが……。

他には、父親の病状を知るために父親の大便を味わった男性、母親の眼の病気を治すため鹿のコスプレをして鹿の乳をとりに行ったら撃たれかけた男、など、孝行も行き過ぎて、ちょっとやばい人たちの像だった。

そしてやっと建物の入口が現れ中に入る。愛想の良い係の女性がいて
「日本からですか？　どうぞゆっくり見ていってくださいね」

と言われた（と思う、たぶん）。

そして、まず現れたのがこのお寺一番の名物「四面佛祖」だ。たしかに顔が四方を向い

ていて、腕もたくさんあった。

多面多臂といえばキン肉マンのアシュラマンを思い出すが、阿修羅像は基本は三面四臂の場合が多い。

四面だと、おそらく梵天さまの銅像だろう。インドのヒンドゥー教の神様ブラフマーだ。この世の中を作った創造神の一人だが（変な言い方）、途中で創造神の座をおろされたし、そんなに人気がある神様でもない。

そのブラフマーの周りには、道教の神様である五路財神が飾られていた。

メインの展示なので、写真を撮っている人も多かった。

さらに進んでいくと、色とりどりの神様がずらっと並んでいるコーナーに出る。

六十甲子神という十干と干支にちなんだ六十の神様だ。丙午（ひのえうま）とか戊辰（ぼしん）とかのあれだ。60年で一回りして年をあらわしている。

基本的には武器を持った老若男女という感じで、あんまり神様感はないのだがトップバッターである「甲子太歳金辯大將軍」だけはどえらいインパクトがある。

両目からニョッキリ腕が生えているのだ。そして手のひらには目玉がある。完全にダークサイドのヤツだ。

目をえぐられて死んだ男の目に仙丹を入れたら手が生えてきた……みたいな話らしい。どこでも見ることができる能力者らしいのだが、さすがに見てくれが悪すぎる。これじゃ恋愛どころか、風俗に行くのも難しいぞ。

先に行くと、冕冠（四角くてジャラジャラがついてる帽子）をかぶった人形がたくさん並ぶコーナーがあった。ここはどうやら中国の偉人コーナーらしい。ただ実在の人物とはいえ、普通に紀元前2000年くらいの人物もいる。それだけ古いと、もう実在だろうがなんだろうが神様みたいなもんだ。さすが中国である。

長い廊下には、まだまだ様々な神様像や人物像が並んでいるが、全部解説しているとキリがないので、少し端折りながら進んでいこう。

下るスロープが現れ進んでいくと、洞窟の中のような空間に進んだ。

待ってました!! の地獄コーナーである。

閻魔の前で、虎の腰巻きをつけた鬼たちに、亡者たちが拷問されている様子が立体で表現されている。日本でもたまに見ることができる、わかりやすい「グロテスク・アミューズメント・コンテンツ」だ。これを見に来たと言っても間違いではない。

生きながら犬に腸を食べられている男、縛り付けられのこぎりで足を切断される女、地面から生えた無数の剣に串刺しになっている人たち、など見るも無残な情景が広がっている。そしてそれを電飾とスピーカーで盛り上げて、より迫力が増している。

ふと入り口でもらった公式のパンフレットを見てみると日本語で解説がのっていた。

責め苦を受ける人達の解説では
「ペナルティ状況」

と書いてあった。ペナルティって言われるとすごーく軽い拷問に感じてしまうな。

しかし、拷問を受けている亡者の半分くらいが笑ってるような顔をしていた。痛い思いをして楽しんでいる人たち……なんだかＳＭ趣味の人たちにしか見えなくなってきた。

阿鼻叫喚の地獄絵図

そして地獄を超えると天国コーナーになった。左右にずらりと神様の像が並んでいるだけであまり天国感はないが、パンフレットに「天国廊下」と書いてあるので間違いない。

並べられているのは、三十六天将の神様のようだ。道教の神様だが、三国志の関羽など元人間の神様もいるのが特徴だ。日本でも死んでから神様になった人間は安倍晴明とか平将門とかいるので、そんなに抵抗はない。

ただ並んでいる人形たちの中には、地獄コーナーにいた鬼よりも人間離れした妖怪チックな存在が多かった。

前身真っ黒な皮膚、腰までの眉髭髪を生やし、真っ黒な獅子に乗る「咒水真人」、同じく真っ黒な身体で子どもを足からツルンと飲み込む「呑精大將」などは、完全にトラウマレベルだ。

死後「やったー天国だ!!」と思ったところで、こんな黒いのが現れて目の前で子どもをツルンと飲み込んだら発狂してしまうわ。

そしてその先の仏教コーナーに行き着いた。どうやら施設の端っこにあたるようだ。中に入ると、どーんとブッダが寝転がっていた。ブッダが入滅する様子を描いた涅槃像なのだが、あまり死んでいく感じはしない。全身金色で髪の毛は抜けるようなブルー、半笑いで半眼である。ブッダの伝説には正確なのだが、どうにもテレビを見ている非リア充な大学生っぽい顔だ。目の前に巨大なポテトチップスの袋を置いてあげたくなった。

そして圧巻だったのが、羅漢像である。おそらく五百羅漢の彫刻群だと思う。五百羅漢は、仏陀の入滅の際に集まった弟子たちだが、大体は半裸の初老の人たちである。たぶんあんまり風呂も入ってない臭い人らだ。

そのオッサンらが、ところせましとズラ〜っと並んでいるのは、彫刻とはいえなかなか気持ちが悪い。混んでいる西成のサウナに入ってしまったような錯覚を覚えた。

かなり大きい施設だったし真夏に行ったこともあって、羅漢像コーナーを見終わったこ

リラックスしすぎの涅槃像

ろにはかなり汗をかいていた。

「最近は人気のスポットになっている」と聞いていたのだが、館内にいる間には10人くらいしかお客さんは見なかった。周りを気にせず、のんびりと観覧できたのは楽しかった。

入り口の様子の通り、仏教、道教、ヒンドゥー教が入り混じったなかなか壮絶なお寺だった。

「神様なんて、知識がないからわけがわからない」

と思うかもしれないが、台湾の漢字は簡略化していない繁体字なので、日本人にもだいたい読むことができる。その場でスマートフォンを使って検索すると、どんな神様なのかわかって楽しい。

中には日本のサイトでは一切ヒットしない神様もいた。漫画を描いている人などで、

「まだ日本人が気づいていないレアな神様を見つけたい!!」

と思ってる人にはオススメかもしれない。

巨大像の魅力　東京湾観音

東京湾観音は東京湾に臨んで立つ巨大観音像である。東京湾というと、品川〜浦安の湾岸地帯が思い浮かぶが、そんな巨大観音像は見たことがない。むしろ、ディズニーランドの横あたりに建てて世界観をぶち壊して欲しいものである。

東京湾観音は、川崎から東京湾アクアラインで千葉県の木更津に渡り、さらにそこからかなり南下した場所にある。最寄り駅は内房線の佐貫町駅だが、徒歩で30分ほどかかる。

僕はスーパーカブで向かったので、東京湾アクアラインは渡ることができず、ぐるっと東京湾を回って向かった。周辺は人家もまばらなかなりの田舎町だった。

運転しながら丘の上を見ると、ヌッと巨大な人影が立っているのが見えた。巨大像は遠くから見ると、ゾクゾクして面白い。怪獣モノや巨大ロボットっぽい雰囲気になる。

東京湾観音は腕に玉を抱いて立っている。玉がピカッ!! と光って、ビビビビーと赤いレーザーが出て、東京湾を挟んだ対岸の街を焼き払ったら面白いだろうな〜などと不謹慎なことを考えながらアクセルをふかした。

ちなみに東京湾観音のサイズは56メートルである。国内では九番目。牛久大仏の120メートルに比べるとやや物足りない気もするが、巨大ロボットで言えばガンダム18メートル、エヴァンゲリオン40メートルよりも大きく、初代メカゴジラと同サイズくらいである。

丘を登って足元まで来る。東京湾観音の横にはキレイなレンガ色の建物があった。見ると、老人ホームだった。横に巨大観音があれば、平安に老後が過ごせますな……いやそうか？

拝観料500円を払って、施設内に入った。

真下から見る東京湾観音はやはり迫力がある。ただ、ちょっと気になるところもあった。脇の下にカゴがついているのだ。

お釈迦様は摩耶夫人の右脇から生まれたとされるが、子どもが生まれた時に下に落っこちないためのストッパーだろうか？

「拝観入口」と書かれた看板の矢印に沿って進むと、観音様の胎内に入る入り口があった。

東京湾観音はコンクリート製の仏像なので、館内はコンクリートの打ちっぱなしだった。

モロにコンクリートという感じだ。

コンクリートの壁にたくさんの祭具などが並べられている。お賽銭箱、鐘、鳥居っぽいもの、仏壇っぽいもの、などなど。千羽鶴や木製の不動明王なども置かれている。全体的になんの宗教かよくわからない、怪しげな雰囲気になっている。ハッキリいうとカルト新興宗教みたいである。

観世音菩薩は、起源がハッキリしていないのでそここいい加減な設定であっても別に良いのかもしれない。

螺旋階段を登っていくと、コンクリートの壁に様々な彫像が展示してある。木製の七福神、仏陀、文殊菩薩、聖徳太子、大日如来、などなど様々である。

中でも目を引いたのが、マリヤ観音だった。マリヤ観音とは、江戸時代のキリスト教弾圧時代、隠れキリシタンが聖母マリヤに似せて作った観音像である。芥川龍之介が所蔵し

少しわかりにくいけど脇にカゴがあります

ていたことでも知られている。

マリヤ観音は「観音像に擬態したマリヤ像」なのだから、観音像の中に展示してあるのもなんか変だよなあと思う。

そしてその造形がなかなか恐ろしい。トドのようなずんぐりした体型で全身が黒い。無表情のまま赤ん坊のキリストを抱いている。赤ん坊も無表情でなんとも不気味である。子どもが一人で登ったならトラウマになりそうな置物だった。

そんな置物を見つつ、螺旋階段を登っていくと明るい場所に出た。下から見たカゴになっていた場所だ。なるほど、腕の上に出ることができるようになっているのだ。

実は昔はこの柵はなかったのだという。柵がないとすると、金属製の手すりがあるばかりだ。手すりの下は地面まで何もない。

ウワサによればその頃は飛び降り自殺をする人が多かったのだという。おそるおそる下を見ると、かなりの高度で足がすくむ。人は
「人生の最後は、観音様の腕から飛び降りたいんだ!!」

と思うものなんだろうか？

でもそれで柵を作ったのはいいことだと思う。これだけ隙間があると、ふざけた子どもが足を滑らせて落っこちたりしそうだからだ。

ちなみに東京湾観音は心霊スポットとしてウワサもされている。たぶん飛び降りスポットから広がった話だろう。

ヒーヒー息を切らせながら３１４段の螺旋階段を登っていくと、やっと頭頂部「天上界」にたどり着いた。狭い部屋に入ると、すでに先客がいた。

室内では、男性二人が、熱烈なキスをしていた。すぐに僕に気づいてやめた。天上界は、ものすごく気まずい空間になった。

天上界はそもそもとても狭い。観音の頭部のミニチュアと、記念ノートが置いてあるくらいだ。カップルは、僕に小さく会釈をして下に降りていった。

天上界ですることも特になかったのだが、慌てて降りてまた途中でカップルに鉢合わせたら嫌だなと思い、ノートをパラパラ見たりして時間を潰してから階段を降りることにした。

外に出るとホッとした。胎内は閉所恐怖症と高所恐怖症が併発したような居心地の悪さがあったのだ。

観音の周りには展望台があったり、なぜか浦島太郎の像があったりした。

展望台に向かうと、先程の男性カップルがいたので、慌ててササーッと距離をとった。

「お食事ご宴会おみやげ 観音会館」と書かれた建物に入ることにした。思ったより広い施設でお土産などが売られている。

ただ、東京湾観音オフィシャルのお土産はほとんどなかった。ダルマ、招き猫、仏像など、縁起物が並べられている。貝殻セットや恐竜のフィギュアなどなんの関係ないものも多い。

最もお買い得だったのが、中古CDだ。どれでも1枚80円、4枚まとめ買いすると200円という激安値段である。しかし、こんな田舎の珍スポットでCDを買っていく人はいるんだろうか？

古本も置いてあったのだが、ほとんどが自己啓発本だった。観音様の足元で、ジッタリンジンのCDや、野村克也の本を買うのもどうかと思って何も買わずに外に出た。

敷地から出たところには「民宿軽食辰金」と看板がかけられた建物が建っていた。中に入ると誰もいないので、しばらく座って待つ。かけっぱなしになっているテレビをボーッと見ていると、おばさんがやっと来た。

赤いのぼりには「はかりめ丼」と書かれていた。現在プッシュしているメニューらしい。どんな飯なのか聞くと、

「つまり穴子丼ですよ。穴子のことはかりめって言うの」

と教えてもらった。

せっかくなので注文した。はやりのB級グルメかと思ったが、実際には上品な味付けで美味しかった。

観音像はとてもお金をかけて建てられていた。そしてその反面、内装や観音の周りは実に昭和的な雰囲気が残っていてとても良かった。

福井の巨大大仏に会いに行く

4月8日は釈迦（ゴータマ・シッダールタ）の誕生日。「花まつり」として祝われる。しかし、実は釈迦が4月8日に生まれたという証拠はない。国によっては違う日が誕生日になっていたりする。そもそも釈迦が生きていた年代ですら説によって200年ほどズレがある。

でも、ただの「花まつり」より、釈迦の誕生日と思ったほうが楽しい気がする。

どうせ釈迦の誕生日を祝うなら、大仏をお参りしたい!!

そんなことを思いながらネットサーフィンをしていたら

「日本最大の大仏坐像は実は福井県にある」という情報を得た。

日本最大なのに存在すら知らなかった。

知人数人に、「大師山清大寺にある、『越前大仏』って知ってます？」と聞いてみるが、

「知らない」と首を横にふった。

日本一なのに全然知られていない大仏……興味深い。

知人の自動車で現地まで足を運んだ。目的地はえちぜん鉄道勝山永平寺線の勝山駅から

徒歩30分くらいの場所だった。

スケジュールが押してしまい、閉館まで2時間を切った頃に着いたのだが、それにしても駐車場には僕ら以外には1台しか止まっていなかった。

あとで聞いた話だが、越前大仏から大人気の「福井県立恐竜博物館」までは車で約10分とそこそこ近い場所にある。博物館の繁忙期には、駐車場を貸すこともあるそうだ。

ということは、越前大仏の駐車場は埋まることはないということだろうか？

入り口に向かっていくと、大きな商店街が並んでいるのだが、全く営業していない。廃墟のように壊されたりしていないぶん、逆にちょっとSFのような怖さがある。まるで、人間だけが突如としていなくなってしまった世界だ。

でも拝観料をおさめるカウンターはちゃっかり生きていた。

大人500円という安めの拝観料を払って、境内に入る。ちなみに拝観料は当初は3000円だったそうだ。客が入らないから値下げしたのだろうが、結局500円にしてもにぎわっている様子はない。

人がいないから廃墟みたいになっているのではないか？　と思ったが、境内はとても綺麗な状態に保たれていた。

そして遠目に五重塔が見えたのだが、これがちょっと感覚がおかしくなるくらい馬鹿でかかった。高さは75メートルで塔として日本最大だ。京都の東寺の五重塔のよりも20メートル以上も高い。それぞれの階層に仏像があるそうだが、時間が足りなくて断念した。

エレベーターで最上階に登ると、眼前に勝山の街が広がる素晴らしい光景が見えた。

ちょっと想像を絶する豪華さだ。

「この施設、めちゃくちゃお金かかってんな……」

と思わず独り言をこぼしてしまった。

五重塔の隣には、メインである大仏殿が建っていた。大仏殿もサイズ感が狂ってしまうほど大きかった。大仏殿の中は、やはり大変豪勢な作りだった。日本一大きいという大仏の坐像は全長で17メートルだ。

立っている大仏だと、茨城県の牛久市にある牛久大仏が日本最大で、全高120メートルという常軌を逸した大きさなので、比較するとだいぶ小さく感じてしまう。

ちなみに鎌倉大仏が11メートル、奈良の大仏が15メートルだ。たしかに建物内にあって、座っている大仏の中では日本最大だ。

結局物の大きさを判断するのは、周りにあるものとの比較である。牛久大仏の周りにはほとんど何もないが、大仏殿にある大仏は建物と大きさを比べることができるので、より大きく感じる。

中国の、洛陽郊外の奉先寺の大仏をモデルに建てられたそうだ。仏の種類は盧舎那仏像だ。奈良の大仏と同じタイプの仏である。

実は盧遮那仏は、釈迦ではない。釈迦を超越した宇宙仏だという。

もっとわかりやすく言えば、釈迦の上位互換な存在だ。

「ええ～!!　釈迦じゃないなんて、インチキじゃん!!」

と思うかもしれないが、日本のお寺でよく信仰対象にされている、阿弥陀仏も大日如来も釈迦の上位互換、アップデート版みたいなものなのである（大ざっぱ）。

奈良の大仏より大きく迫力がすごい

大仏の周りには、釈迦の弟子の阿難陀の像が並んでいた。釈迦はいないのに、釈迦の弟子はいる。まあ取り敢えず、誕生日おめでとうございますとお祈りをしておいた。

清大寺には、それ以外にも様々な物が展示してあった。中国の国宝「九竜壁」を模した巨大な壁が展示してある。大きな日本庭園も作られている。境内の至るところに仏像が設置されていて、その数は実に1000を超えている。

歩いているだけでそのスケール感に圧倒される。今までにもちょくちょくとお寺は回っているが、ここまで大きい施設はまれだ。

しかしそれなのに、僕ら以外に誰もいないのがすごく気になった。

五重塔に登った時に一組だけカップルがいて、結局すれ違ったのはその二人だけだった。

誰がこの巨大な施設「越前大仏」を作ったのだろうか?

そしてこんなに誰も観光客がいないのに、やっていけているのだろうか?

実はこの施設は、関西のタクシー王、相互タクシーの創業者多田清氏の手によって建立されたものだ。建設費用は実に、380億円といわれている。

380億円、とんでもないお金だ。

数多くのタクシー運転手がミツバチのようにコツコツと稼ぎ、女王蜂に上納されたお金で建てられたのが越前大仏というわけだ。

なんだか盧遮那仏の背後に無数のタクシードライバーの魂が浮かんでいるような気すらしてきた。

これだけの建物は維持するだけで、ものすごいお金がかかるはずだ。

数えるほどしか人がいない有様では、焼け石に水どころの騒ぎではない。

実際に建立した1987年の直後から参詣者は伸び悩み、1996年には納税が困難になったという。実は、当初は宗教法人にしていなかったため、納税の義務があったのだ。

2002年以降は、勝山市が管理するようになり、敷地内の建物は公売に出されたが結局買い手は見つからなかったという。2018年には滞納市税約40億8千万円を不納欠損処理し、差し押さえを解除した。

税金の額だけで40億円超ってとんでもない。

さらに、すごいのは多田清氏が建てた建物はここだけではないということだ。地図を見ると、清大寺から南に徒歩で20分ほど歩いたところに勝山城博物館という巨大な施設があるのを発見した。

せっかくなので、足を運んでみることにした。勝山城博物館と聞くと、普通の建物かと思ってしまうが、それは巨大な城だった。形は姫路城を模した、いかにも立派なお城である。

田んぼの真中にドーン!! とめちゃくちゃ大きい日本の城が建っているのは、これまたものすごい不自然だ。悪夢を見ているような錯覚にとらわれる。

パッと見は日本の城なのだが、他にはない特徴がある。石垣に、九匹のドラゴンが彫り込まれているのだ。勝山市といえば恐竜の化石が発掘されることが有名なのと、九頭竜川が流れていることにちなんだらしい。しかし、石垣に竜が彫られているだけで、こんなに下品な感じになるんだ!! と驚いた。

この城も、清大寺とほぼ同じ時期に建てられている。清大寺ほどではないにしろ、かなりの建設費用がかかっているのは間違いない。

残念ながら開館時間を過ぎてしまっていたため中に入ることはできなかった。館内には、江戸時代の屏風や武具などが展示してあるそうだ。正直、外から見ただけで満足かな？　という感じではあった。しかし、館内の収集物だってお金を払って集めている。ついでに、勝山にホテルも建てたそうだ。

どの施設も無数のタクシードライバー働き蜂が汗水たらして働いたお金が、惜しげもなく投入されているのだ。

ちなみに、相互タクシーは２００８年に破産した。負債総額は２４０億８４００万円。福井県内の倒産では、過去最大の負債総額となったという。

「こんな兵どもが夢の跡を、５００円で見られるなんて幸せ!!　ハッピーバースデーお釈迦様!!」

と思いながら帰路についた。

石垣の竜がなんともいえない……

ノスタルジック・ツアー

横浜の天然レトロと人工レトロ

横浜で仕事がありホテルに泊まった。チェックアウトして、鶴見区生麦五丁目にある国道駅に向かった。

横浜駅から鶴見駅で下車。JR鶴見線で一駅。国道駅に到着した。電車と駅との隙間がかなり空いていて、ちょっとビビりながら降りる。

国道駅からどこかに行くのじゃなくて、国道駅が目的地だ。ノスタルジックな雰囲気の駅舎が評判で、いつか行ってみたいと思っていた。慎重にホームに降りる。

国道（こくどう）と言う名前は「国道1号線」を連想させるが、実はその通り。現在の国道15号線と交差する場所に作られたから、国道という駅名になったのだ。

ホームはさほど強烈な印象は受けなかった。アーチ型のモダンな屋根がある普通の駅だ。だが階段を降りると雰囲気が一変する。

一歩一歩、昭和時代にタイムスリップしていく気がする。階段の途中には渡り廊下がある。階段の途中でとなりのホームに移動できる渡り廊下があるとはちょっと変わった構造だ。渡り廊下からは、国道駅のコンコースを見渡すことができた。

コンクリート製のアーチが続いている。

元々は店があった場所は、板で閉じられている。板の上には拙い、ストリートの落書きが描かれている。人通りは少しあるが、薄暗い。

パッと見、軍事遺構のような雰囲気だ。

バリバリの昭和感に胸が高鳴る。

階段を降りると、改札口は無人駅でICカード乗車券の改札機が設置されている。

無人駅化されたのは1971年だから、僕が生まれる一年前だ。半世紀以上たって自動券売機が撤廃されたそうで、現在は交通系ICカードのみで入場できるようになった。前後左右を見渡し、思わず

「すっごいなあ……」

と声が出る。

国道駅は1930年開業。ほとんどそのままの形を残している。もちろん、当時はもっとにぎやかだったと思う。

資料を見ると、黒澤明監督の『野良犬』（1949年）のロケに使われたと書いてあった。だいぶ前に一度観ただけなので記憶は曖昧だが、主人公が拳銃をスられてえらい思いをする……という映画だった。年代的には正しいけど、主人公が拳銃をスられたのはバスだったよな？　と思う。調べてみると『野良犬』のリメイク版（1973年 監督：森崎東）に登場していた。ただ、森崎版『野良犬』はなぜかソフト化しておらず、画像を何枚か確認できるだけだった。今より人通りは多いし店も開いていて発券機もあるのだが、駅自体は赤茶け

人気のないコンコース

てむしろ今より古く見えた。

店は一件も営業していなかったが、店の跡は残っていた。

「三宝住宅社」という手書きの不動産屋の看板はいかにも古く、映画のセットのようだ。

焼き鳥屋だった店には「閉店のお知らせ」が貼られていた。紙の状態から見て、店を閉じたのは最近のようだ。

「開店から四十三年の長きにわたるご支援、ご愛顧心より感謝申し上げます」と書かれていた。四十三年とはなかなかの長さだ。もうちょっと早く来ればよかったなあ、と少し悔いる。

「荒三丸」という釣り船屋さんも最近まで開いていたようだが、店頭にあった大きな看板が外されていたのでおそらく閉店してしまったのではないかと思われる。

他には「ＫＥＹ ＳＴＡＴＩＯＮ」という文字が薄く見える、おそらく鍵屋だったと思われる空き店舗もあった。

かつては、高架下は住宅としても使用できたようだ。すでに人は住んでいないが「土地〈高架下〉使用票」が貼られていた。

契約年月日昭和62年12月14日
期間昭和62年4月1日から昭和82年3月31日まで

昭和82年という表記を見た途端、頭がグワーンとして自分が異世界に転生してきたような気持ちになった。

冷静になって考えると、昭和82年は、平成19年、2007年、のことだ。

トンネルを抜けても、高架下には住居が並んでいた。かなり古く、廃墟になっている家も多い。電車の騒音は結構うるさそうだが、ちょっと住んでみたい気もする。

そして国道駅のメインディッシュを見に行く。高架下を抜けた所に、アミが貼られており、その向こうに、ガッガッと穴が穿っているのが見える。米軍のノースアメリカン社のレシプロ戦闘機P-51マスタングによる掃射の跡だという。「三宝住宅社」の看板の上にもおそらく掃射の跡であろう弾痕があった。

小学生低学年の頃に亡くなった母方の祖母が、

「戦闘機に追いかけられて命からがら逃げたことがある」

と話していた。小学生の僕は
「うっそでぇ!!」

と思っていたが、コンクリートにあいた穴を見ると、ググッとリアルに感じる。彼らは、こんな低空を掃射しながら飛んだのだ。

恐怖と浪漫を同時に感じる。

冬場にうろうろあるき回っていたらもよおしてきたので、トイレに入る。ツンとアンモニアの臭いが鼻を突く。小便器が二つ設置されているが、昔は壁に向かってしたのではないか？　と思われる作りだった。便器はやはり和式。

用を足しながら、やっぱり古い施設だねえとしみじみと思う。

ちょうど昼時になってきたので、飯を食べることにする。そういえば一度も足を運んだことがなかった「新横浜ラーメン博物館」に行くことにした。

JR鶴見線、JR京急東北・根岸線、JR横浜線を乗り継いで新横浜駅を降りる。

駅を降りると、風景に全然見覚えがない。新横浜駅は新幹線に乗るたびに通り過ぎるが、ひょっとしたら降りたことがなかったかもしれない。

ドヤ街とか廃村とか旧青線とかをグルグル回ってネタを拾うライターにとって一番用がないのがビジネス街である。ビジネス街で行くのは大手町一丁目にある将門の首塚くらいのもんだ。

新横浜駅の周りは昭和っぽさは残っていないが、人工的な昭和はある。というわけで「新横浜ラーメン博物館」にやってきた。世界初のフードアミューズメントパークだ。

一階部分は、ラーメンの文化と歴史を学ぶギャラリー。ラーメングッズなど売ってるミュージアムショップなどがあるが、やっぱりメインはB1F〜B2Fだ。

階段を降りると一歩一歩、昭和時代にタイムスリップしていく気がする。

昭和33年の街並みが見事に再現されている。古い町並みを再現するスポットはちょくちょくあるが、その中でもかなり出来が良い。地下の閉鎖空間を上手く利用している。煤けた古いビルや店の看板、映画看板、洗濯物などがリアルでありつつファンタジックな町を構成している。

そして地下一階は路地裏を再現しているのだが、これがものすごく高いクオリティだ。

くすんだコンクリート塀に、古く汚れた原動機付自転車が置かれている。地面にはケンケンパの丸がチョークで書かれている。

すえた臭いがしそうな連れ込み旅館や、プチボッタされそうなバーに並んで建つ、駄菓子屋「夕焼け商店」、喫茶&すなっく「Kateko」は実際に営業している。

P-51マスタングに追いかけられたという祖母は名古屋でおでん屋兼菓子屋を営んでいて小さい頃はよく通った。

まさにこんなゴミゴミとした下町だったので、なんだか当時の町を歩いているような懐かしい気持ちになる。

そんな昭和のノスタルジックな雰囲気を楽しめる博物館だが、オープンしたのは1994年ともう30年近く前。ガチの平成レトロな建物でもある。

ラー博がオープンした時、雑誌などで特集されていたのを覚えている。30年経っても、現在もたくさんの人が訪れている。この日も、どんどん人が増えていった。外国人のお客さんも多い。

ラー博が長い人気を誇る一番の理由は、ご当地のラーメンが食べられることだ。

この時は7店のラーメンを食べることができた。たとえば「利尻らーめん味楽」は本店まで飛行機とフェリーを乗り継ぎ8時間かかり、さらに本店の営業時間は2時間30分しかやっていないそうだ。個人的にかなり好みの味だった。「また食べたい‼」とも思ったし、「いつかがんばって本店にも行ってみたい‼」とも思った。

二杯食べ終わった後に、催してきたのでトイレに向かった。壁には張り紙が貼られて、剥がされた跡。古びた不動産屋は、国道駅の「三宝住宅社」を思い出させた。トイレ付近は古い駅を再現していた。まさに国道駅のような雰囲気だ。トイレのドアも汚かった。しかし開けると、近代的なトイレが現れた。個室はウォシュレットつきだ。急に現代に戻されたような、もしくはゲームのセーブポイントにたどり着いたような変な気分になった。

でもトイレはやっぱりキレイな方が嬉しい。昭和の駅のトイレの壮絶な汚さを思い出しながら、用を足して帰路についた。

一日で、ガチ昭和レトロと、人工昭和レトロの両方の施設を回ってみたが、どちらもそれぞれの良さがあった。
できればどちらもまた行きたい。

松戸で団地を思い出す

僕は名古屋市のとある商店街で生まれたのだが、5歳の頃に住宅地に引っ越した。そこはズラッと団地が立ち並ぶ街だった。ただし僕の家は団地ではなく、一軒家だった。小学校時代はクラスの大半が団地に住む生徒だった。一軒家組はクラスに数人しかいないマイノリティだった。どうにも温度差というか、肩身の狭さを感じざるをえなかった。
団地の敷地内にはグラウンドがあって、野球などをして遊ぶのだが、グランドには大きな看板で「団地以外に住む人は使用禁止」と書かれていた。もちろん利用していておおっぴらに
「出て行け」

「帰れ」

などと言われるわけではないのだが、どうにも居心地が悪い。

「本当はお前がいちゃいけないんだぞ」

などと意地悪を言われたこともあった。

そして団地の友達の家に呼ばれて遊びに行くのもなかなか大変だった。

団地に育った人にとっては当たり前のことでも、外部の人にとっては分からないことも多い。まず、団地を号数で呼ばれても位置関係が頭に入っていないから、たどり着くのがむずかしい。住人だけに分かるランドマークもあり（給水塔など）、団地街を歩く時はまるで説明書なしでロールプレイングゲームに迷い込んだような気持ちになった。

「別に団地組におもねらずに生活していけばいいじゃん」

と思うかもしれないが、小学生の小さな社会だとそれは難しい。一歩間違えばイジメの対象になってしまうのだ。

たとえ団地の部屋の中に入れさせてもらっても〝しくじらないか〟が気になってあまり楽しめなかった。

最後に団地の部屋に行ったのは、小学校のクラスメイトの誕生会だった。男子ばかり5~6人集まっていた。僕はプレゼントに当時好きだった漫画『マカロニほうれん荘』を持っていった。

「村田がエロい漫画持ってきた!!」

とひどく囃し立てられた。マカロニほうれん荘は別にエロい漫画ではないのだが、少々アダルトな表現があったのかもしれない。(そんなこというなら、手塚治虫の『三つ目がとおる』のがよっぽどエロいけどな)

とにかくそこから、今でいう「いじられ役」になってしまった。カードゲームでは結託して負けさせられ、ヒソヒソと僕をハブにして会話を進めた。

もちろん悔しかったが、誕生日に他人のホームでケンカするわけにもいかず、その日は適当に愛想笑いで場をごまかして家に帰った。それからしばらくは学校でもいじられたと思う。腹も立ったが、ただもうどうでも良くなってしまった。たしか3~4年生の頃の話だったと思う。それ以来団地の中には一度も入らなかった。

中学以降は、団地の住人以外のクラスメイトも増えた。そしていつの間にかどうでも良い過去の話になったのだけれど、それでも「団地は苦手」という気持ちだけは残った。現在も集合住宅に住むのも避けている。サブカル系では人気のある団地街の取材も、僕はほとんどやっていない。

……と前振りがずいぶん長くなってしまった。実は、「昭和の団地の一室を訪れた気持ちになれる施設」があると聞き、訪れることにしたのだ。

早朝に電車に乗り、松戸市の新八柱駅で下車した。松戸市にはずいぶん昔にいかがわしいお店の取材かなにかで訪れたことがあったが、新八柱駅で降りるのははじめてだった。

駅から出ると、新京成線の線路沿いに北へテクテクと歩いていく。駅前はお店も多く栄えていたがしばらく歩くとかなり寂しい道になった。

そして20分ほど歩いて「松戸市立博物館」に到着した。外から見ると、館内はかなり暗く、ひょっとして閉館してる？　と思ったが、オープンしていた。かなり薄暗い館内だった。朝の10時前に到着したのだが、そんなに早い時間に地方の博物館に来る人はいないようだ。

３００円の入場料を払って、館内に入る。

最初のコーナーにはガラスケースに石器が入っていた。先に進むと縄文時代の暮らしが紹介されていた。

「松戸市立博物館」は旧石器時代から現代まで時代をたどりながら事物やジオラマなどを見ていく。テーマが一貫しているので、とても見やすい展示だった。ただもちろん、松戸に思い入れがある人のほうが見ていてさらに楽しいだろう。

食べられていた動物（鹿、鯛、クジラ）の骨、古代の壺などの食器などを見ながら現在に向かって歩いていく。

ところどころに職員さんがいるが、客は完全に僕一人だ。広い博物館を一人で歩くのは、気持ちよさがある反面、うっすらと恐怖感も感じた。

博物館に展示されている物には人の死に直結している物も多い。

四角い棺の中には、古代人の男性の遺体を模した像が納められていた。棺の中には刀と矢とともに、子供の遺体の像も入っていた。

中世の板状の薄い石で作られた古い墓が並んでいる。表面はすり減ってよく見えないが、神様や梵字、南無妙法蓮華経などが彫られている。

江戸時代に描かれた『庚申講掛軸』には、まがまがしい雰囲気を放つ帝釈天が描かれていた。右下には「東葛西領柴又村」と書かれている。『男はつらいよ』に出てくる、「経栄山題経寺」と関係あるのだろう。「帝釈天で産湯をつかい……」のアレだ。

帝釈天はもともとはヒンドゥー教などに出てくるインドラである。神々の王だから、好戦的な見た目なのもうなずける。

松戸市の歴史をたどりながら博物館の端っこまでたどり着いた。

そこには大きなコンクリートの塊があった。「団地」である。団地をそのまま、博物館の中に再現したのだ。団地の前には「常盤平団地案内図」と書かれた看板が出ていた。常盤平団地は現在も松戸市常盤平にある、実在の団地だ。

常盤平団地は１９６０年に入居が開始された、60年近

建物の中に団地が現れた

い歴史を持つ団地だ。当時、最新の設備を持つ団地で、入居者は殺到したという。

ここでは1962年当時の様子を再現してある。

順路に従い階段を登り、ベランダから室内に入る。ベランダには、ハンドルを回して洗濯物を絞るタイプの古い洗濯機が置かれていた。

窓から入るとそこはダイニングキッチンだ。コンパクトにまとめられた部屋で、当時最先端の電気釜やミキサーが並べられている。食器の形も微妙に今とは違う、古いものがそろえられている。

カーペットが敷かれた室内には、ソファが置かれ、ステレオと白黒テレビが設置されていた。白黒テレビからは60年代のコマーシャルが流れていた。陽気にバヤリースの宣伝をする音声が印象的だった。古い扇風機、黒電話、など家具も懐かしい。

隣の部屋には、古いミッキーマウスのぬいぐるみが飾られたベビーベッド、足ふみ式のミシンなどが置かれていた。

当時にしては珍しかった洋式トイレ、木製の風呂おけなどが超リアルに再現してあった。玄関周りや、階段の様子も本当によくできている。

一人で室内を歩いていると、昭和の臭いがジリジリと脳を焼くような錯覚を覚えた。強い既視感を感じた。まるでタイムスリップをしたような気持になる。

僕が小学生だった1980年代とは、20年近いズレがある。たしかに電化製品は何世代も前のものが多いが、タンスやミシンなどの家具は同じ類だった。そして室内のサイズ感や家具の配置が、小学生の時に遊びに行ったアノ部屋を思い出し、気分が悪くなってきた。実はここに来て当時のことを思い出したので、最初の文章を書かせてもらったのだ。

後から調べたところ僕の家の近くにあった団地は1967年に建てられており、雰囲気がそっくりなのは当たり前だった。

歴史を考える時、自分が生きている今は過去からは切り離された「確固たる今」だと思いがちだ。まるで映画

懐かしい団地のリビング

のように過去を見てしまうが、歴史はもろにつながっているのだ。みんな歴史の中で生きてそのうち死ぬ。見慣れた風景もそのうちなくなる。

博物館内に団地が再現された時、

「なんでわざわざどこにでもある団地なんか再現するんだ?」

という声も上がったという。確かに今はそう思うのも無理もないが、50年後には当時の団地は博物館の中にしか残っていないかもしれない。

あなたの知らない成田

昨年のお正月は、カルト新聞の藤倉善郎さんと〝カルト初詣〟に行ったのだが、また「今年も1月1日から、カルトな施設に初詣に行きましょう」と誘われた。

嫁やら子供やらがいる身なら即断る誘いだが、幸いどちらもいないので快くOKした。

元旦早朝に亀有駅で集合、そのまま成田国際空港に自動車で移動する。

「正月に、成田国際空港から海外に行こう!!」

というバブリーな企画ではもちろんない。

成田国際空港が目的地だ。

正確には成田国際空港の滑走路のすぐそばにある東峰（とうほう）神社だ。実はここはずっと前から行こう行こうと思っていた神社なのだ。

この神社は「三里塚闘争」とか「成田闘争」と呼ばれる、成田国際空港の建設に反対する運動が活発な場所に建っている。

三里塚闘争が始まったのは1966年ですでに50年以上前だ。空港の建設と土地収用に反対する運動が繰り広げられてきた。対立はかなり激しく、機動隊員3名が襲撃を受けて殺害されるなど死者も多数出ている。

そういう場所に建つ神社なので、もちろん普通の神社ではない。

「神社に向かおうとすると警察に厳しく職務質問される」

「監視している運動家がいて問い詰められる」

などと噂を聞いていたから、ワクワクしながら神社に向かった。

神社へ行く途中で見かけた農地の前には
「第3滑走路粉砕！」

「強制収容実力阻止」

「NO FARM,NO LIFE.農地死守」

などなど剣呑な看板や旗が立っていた。

神社入り口に到着したが、道路の周囲は全部白い鉄の塀がはりめぐらされている。神社までの道は白い塀しか見えず、まるで豪雪地帯の雪の壁に挟まれた道路を走っているような気分になってくる。かなり異様だ。

塀の狭間を進んで行くと、意外なことに何台も車が停まっていた。

「初詣に来てるんですかね？」

「初詣に？　わざわざこんな場所に？　そんなのどんな人ですか？（笑）」

などと自らの行動を全否定する会話をしながら進んでいくと、道のどん詰まりは広場に

闘争はまだ続いているのだ

なっていた。

神社自体は小さく、比較的新しい石の鳥居があり、その奥に祠があるだけだ。コンクリ製の石畳には「2004・4・15」と刻印してあり、祠の前には小さい賽銭箱が置かれていた。手水の場所はあったが機能していない。神社を出た場所には古井戸のようなものがあったが、鉄網で囲われていた。

神社の周りには、10人くらいの人がいた。

「貴様、誰だ!!」

などと怒鳴られたかったのだが、警察にも運動家にも吠えられなかった。家族連れや友達同士の、いたって和やかで穏やかな雰囲気だった。

広場の真ん中には柴犬が肛門丸出しで座っていて、みんながキャッキャ言いながら写真を撮っていた。

普段は新興宗教に突撃して怒り心頭の信者の写真を撮っている藤倉さんも、

「お〜かわいい、かわいい」

とか言いながら柴犬を写しはじめた。

「……なんか違う」

怒鳴り声、ピリピリした空気、そんな修羅場を期待していたのに、想像と違いすぎて思わず苦悶の表情になってしまった。

しかし、みんななんでわざわざ正月から、こんな神社に来てるんだろう？

「ここは飛行機を撮りに来る人が多いよ」

ダウンジャケットを来た中年の男性に教えられた。

たしかにすぐ横が成田国際空港なんだから、飛行機を見るには絶好の場所だろう。ただ、いい大人がわざわざ飛行機見たって何とも思わないだろうに。立ち去ろうとも思うが、その男性が、「あと5分で来るよ」と言うのでとりあえず待つことにした。

子供が「まだかな？　まだかな？」とワクワクしている。飛行機でワクワクするなんて、こいつまだガキだな……と思っていると、キーンというジェット音が聞こえてきた。

その刹那、ぐおおおおっと本当にすぐ目の前を飛行機が通り過ぎていった。巨大な塊が迫りくる臨場感が半端ない。

「すげー！　すっげー‼」

と思わず声が出た。めっちゃワクワクした。急に満足感で満たされた‼

◆◆◆

初詣をした6日後に、韓国に行くことになった。海外旅行は2020年2月以来だ。前回も韓国で、ちょうどパンデミックが発生した翌日に渡航した。ずっとピリピリした雰囲気だった。その後本格的なコロナ禍になってしまい、海外にも行かなかった。ちなみに最後に韓国旅行をした時には西荻窪に住んでいたのだが、その後すぐに東村山に引っ越した。東村山からの海外旅行は初めてだった。少し、空港までの距離は遠くなった。つまり空港まで行くのに時間がかかる。

はっ、としてスマートフォンで、乗換案内を調べる。飛行機が早朝便だったので、始発でもギリギリだ。電車一本逃したり、遅れたりしたら、搭乗できなくなってしまうかもしれない。

「しかたない、前乗りするかあ……」

と思ってホテルを探し始めたが、

「待てよ……。空港って閉まらないはずだから、適当に中にいられるんじゃない？」

と思い直す。

スティーブン・スピルバーグ監督の映画『ターミナル』はクラコウジア人のトム・ハンクス演じるビクター・ナボルスキーがジョン・F・ケネディ国際空港の国際線ロビーに居続ける話だった。日本だって一日くらいいけるだろ？　と思い、出発の前日の夜に空港に向かった。

22時過ぎの空港にはまだ人がいたが、やがて潮が引くようにどんどん静かになっていった。

とりあえず、ウロウロ歩いてみる。地下一階から上層に登っていく。

三階は搭乗手続きをする場所だ。人はほとんど残っておらず、ロボット掃除機が自分の仕事をこなしている。空港をゆっくり見たのは初めてだった。いつか漫画やルポの資料に使えるかもしれない、と思いパシャパシャと写真を撮る。

四階は出発前に立ち寄るレストランなどが並ぶエリアだ。店舗の大半は営業していなかった。

ひょっとしたらマクドナルドくらいはやってるかと思ったがしっかりと閉まっていた。晩飯は空港で食べようと思っていたので、少しガッカリだった。

営業していたのはセブンイレブンだけ。とりあえず飯は食えるが、ちょっと味気ない。

アナウンスが流れる。

「空港内で宿泊されるお客様は、地下一階、一階、二階のいずれかでお過ごしください」

つまり三～四階はいられないということだ。実際、機器の修理や工事が始まって居づらい雰囲気になって来たので立ち去る。

しかし空港としては
「空港内で夜を明かすこと」

自体は良しとしているのだな……と良い発見をした。

僕はホームレスを長年取材してきたが、夜明かしを許している施設は本当に少ない。実に心の広い施設である。

空港内にはたくさんの椅子が置かれている。椅子も公園の椅子のように手すりがあって眠れないような意地悪な構造ではない。むしろ、尻の形状に曲がっておらずフラットだ。座る時は少々ケツが痛いが、とても寝やすい椅子だ。もちろん館内の温度もちょうどよい。うろついていると、外国人の人たちがやたらとたくさんいる場所があった。ホテルを取らず空港で泊まることを決め込んでいる人たちがいるのだろうか？

コンセントつきのテーブルが何台かあって、ちょうどタブレットで仕事をするつもりだったので是非席取りしたかったが、すでに全部埋まっていた。若者たちが楽しげに語らっている。初心者には場所取りが難しいのも、公園でのホームレス生活と同じだ。

しかし、どの椅子ゾーンにもたいていいくつかUSBのコンセントが用意されている。どこに座ろうかなと思いつつ、何気なく上を見上げると、オレンジ色の光が灯っていた。

「おお、吉野家だ!!」

さすが吉野家、24時間営業だった。

さっそく足を運んでみる。吉野家独特のコの字型のカウンターではなく、テーブルが並ぶ一般的なレストランの形だった。そして値段が少しだけ（50円ほど）高かった。

まあ空港だから、映画館や富士山の上で食べるようなものか……と無理やり自分を納得させて、牛丼大盛りと卵を頼む。やっぱりアツアツの物を食べられるのは嬉しい。

食べ終わった後は、二階で席取りをする。まあまあ混んでいたのに、女性ひとりしかいないエリアを見つけて座った。

席からギリギリコンセントに届いたので、ｉＰａｄでポチポチと請求書を書いたりしていた。

「すいません～!! 掃除しますんで。ワックスかけますので2時間後には座れます」

と作業服を着たお兄さんに言われる。

なるほど、掃除で立たされることが分かっているから、人が少なかったのか。成田ビギナーではそこまでは分からなかった。

幸い他のゾーンで似たような席に座ることができたので充電しながら、仕事を続けた。

他の席には若い男性やカップル、外国人客などがやってきては、横になった。みんな躊躇せず横たわり、グーグーと寝息を立てはじめる。うら若き女性も寝ている。

食べ物や飲み物を持っている人など堂に入っている人が多い。どうやら成田泊まり経験者が多数いるようだ。

周りはみんな眠りについたが、成田国際空港自体は眠りにつかない。

掃除や工事がそこらじゅうで行われている。しかし深夜3時過ぎに、館内の電気が消えた。薄暗い中、グーグー、スースーと寝息だけが響く。

「おお、寝てる人のために電気消してくれるとは、なんと優しい」

昔々、雑誌の企画で24時間営業のマクドナルドで一ヶ月生活できるか？　という馬鹿企画をやったことがあるのだが、多くのマクドナルド店舗ではウツラウツラしかかると、「大丈夫ですか？　寝ないでくださいね」

と店員が起こしにきた。

なかなか眠れるマクドナルドはなかったのだが、そんな中渋谷のマクドナルドだけは、深夜は電気を消して眠りやすくしてくれた。東京ドリフターズに対して、渋谷のマックな

皆さん慣れていらっしゃる様子

みに優しい成田国際空港。

ありがとう成田国際空港……と思っていたのもつかの間、30分後には明かりがついた。成田国際空港の夜は短かった。

電気がついても、しばらくはみんなグーグーと寝ていた。僕は、ｉＰａｄで漫画を描いているうちに、朝になった。

成田国際空港の安定したＷｉ－Ｆｉのおかげで原稿も無事に送信することができて、無事韓国に旅立ったのであった。

韓国の長い商店街　馬場洞《マジャンドン》焼肉横丁

東京だと「戸越銀座商店街」大阪だと「天神橋筋商店街」が長い商店街として有名だ。どこまでも続く長い商店街を歩くのは楽しいけれど、ちょっと心細い気持ちになってくる。ひょっとしたら時空が狂っていて、永遠にこの商店街は続いているのではないだろうか？

二度と家には戻れないのではないだろうか？　という、迷子になった子供のような気持ちになる。『十二市場オデッセイ』（筒井康隆）はどこまでも続く市場をさまよう話だった。『横浜駅ＳＦ』（柞刈湯葉）は無限増殖して広がり続ける横浜駅を舞台にした話である。こういう小説があるということは、みんな同じような気持ちになるということだろう。

普通の商店街でもそんな不条理小説のような不安にかられるが、今回紹介する韓国の商店街はさらにフィクション感がある。

延々と〝肉屋〟が続く商店街なのだ。

場所は韓国のソウル市東部、馬場洞（マジャンドン）にある馬場畜産物市場である。

韓国の市場は日本よりも大きくて、生体の販売もしていて楽しい。

だが、馬場畜産物市場は規模がさらに大きかった。巨大なアーケード街を中心に、ズラーッと何百軒も肉屋が並んでいるのだ。

肉屋の隣も肉屋で、その隣も肉屋で、ずっと肉屋肉屋肉屋なのだ。商店街のお店の8割が精肉店だ。見渡す限り肉屋が並ぶ光景はなんだかもうＳＦである。

売っている肉は、牛肉と豚肉がほとんどだ。韓国といえば犬料理と思う人も多いかもしれないが、犬肉は売られていない。鶏肉も見なかった。

ちなみに、ソウルと釜山にあった犬の生体販売をしている市場は動物愛護団体の圧力によって潰されてしまった。とても残念である。

ここでは、韓国全土から牛肉と豚肉が集められて販売されている。そもそもは屠殺場も併設されていたのだが、1998年に移転した。そして今は、肉屋の並ぶ商店街になった。

早めに店じまいする精肉店が多いため、僕が到着した15時くらいには閉まっている店もだいぶあったが、それでも数十軒のお店は営業していた。

営業しつつ、包丁でガンガン食肉加工をしている。働いているのは女性が多い。

肉切り包丁で肉を切り分け、量り、並べ、カゴに入れ、フックで吊るし、冷蔵庫で冷やしていく。

精肉店がどこまでも続く

店頭には、部位ごとに分けられた肉が並んでいる。床にはハカリやザルが置かれ部位ごとの肉が積まれている。

これは韓国の悪癖だと思うのだが、食材をよく床に置く。以前行った居酒屋では、なんと茹でた豚足がトイレの床にドーンと並べられていた。

釜山の犬肉市場では、オリに入れられた犬たちの前に、バラバラになった犬の肉が並べられていた。不潔だし、犬が自分がどうなるか気づいちゃうからやめてほしい。床だけではなく鉄のフックがかけられ筋肉や内臓も吊るしてある。

豚の頭、大腿骨など、日本のスーパーマーケットではあまり見ない部位も売られていた。せっかく美味しい肉を売ってるんだから買っていきたいところだが、ホテルでは調理ができない。残念である。

皆さんも「食べられないなら、行っても意味ないな～」と思ったかもしれない。そんな時には、馬場畜産物市場の隣にある馬場洞焼肉横丁に行こう！

狭い範囲に30軒ほどの肉屋がギュウギュウと並んでいる。日本人観光客向けのお店も多く看板には

「おいしい焼肉」

「いらっしゃいませ」

などと書かれて入りやすい。もちろん、食材の肉は市場から仕入れた新鮮な肉である。値段もリーズナブルだ。

僕も適当な一軒に入ってみた。よく分からなかったので〝牛肉セット二人前〟を頼んでみると、おっそろしい量が運ばれてきた。皿に牛肉がどちゃっとてんこ盛りに載っている。

目を丸くしていると、ちゃきちゃきしたおばちゃんがトングで肉を焼いてくれた。牛の脂とニンニクがジュウジュウと音を立てて煙を上げ食欲をそそる。

歳をとって焼き肉が苦手になった人も多いと思う。僕もカルビや霜降りのステーキなどは何切れか食べる

新鮮な肉が隣の焼肉横丁で食べられる

と胃がもたれるようになってしまった。

　でも出てきた肉は赤身でサッパリしていて結構ドンドンお腹に入っていった。気がつけばあんなにたっぷり盛られていたのに、追加で頼む始末だった。

　腹をパンパンにして外に出た。すでに夜になっていた。市場が閉まるのは早いが、焼肉横丁は23時くらいまでやっているそうだ。

　韓国旅行をしていて、焼き肉を食べたくなったら、ぜひ「馬場洞焼肉横丁」に行ってみよう!!

趣のある焼肉横丁

おそろしきトンデモ旅

東尋坊は伝統と歴史の心霊スポット

仕事で初めて福井県を訪れた。

福井でまず行ってみたい場所は東尋坊だった。東尋坊は25メートルの崖がある、福井の名勝である。

心霊スポットとしても有名だ。こういう文章を書くと、アナルスモーラーな（ケツの穴の小さい……）読者から

「景勝地を心霊スポットって言うなんて失敬だ!!」

みたいなことを言われがちだが、東尋坊は歴史ある心霊スポットなのである。

東尋坊というのは、悪事の限りをつくした悪僧の名前だと伝えられている。東尋坊をよ

く思わない者たちは、東尋坊に酒を飲ませ、酔いつぶれたところで断崖に投げ込んだのだ。なかなか凄惨な話だ。

そして、東尋坊が海に落とされてから49日間、海は荒れ続けたらしい。

1182年のことだといわれている。

東尋坊は、800年以上前からガッツリ心霊スポットなのである。

宿泊していた福井駅からえちぜん鉄道三国芦原線に乗って50分ほどかけて三国港駅に到着した。三国港駅が最寄り駅だが、降りたらすぐに東尋坊……というわけにはいかない。

海沿いに30分ほど歩く。とても爽やかな光景だ。

途中から段々道が険しくなっていく。普段の不摂生がたたり息が切れる。よく考えれば、東尋坊は崖だから上り坂なのは当たり前だ。

「荒磯遊歩道 東尋坊」と矢印が書かれた看板が現れた。自然豊かな道を進んでいく。

少し行った先には「密漁禁止」の看板があり、その横には「夜の21時以降は歩行禁止」の看板が出ていた。

樹々が生い茂っているからあまり怖く感じないが、すでに崖の上だ。落っこちたら絶対に助からない。

まだ死にたくないので慎重に歩いていく。

しばらく進んでいくと、公衆電話が現れた。自殺スポット名物の「救いの電話」だ。飛び降り自殺を考えて訪れた人が、思いとどまるために設置してある。2号機と書いてあった。1号機もしばらく離れた場所にあるのだろう。

公衆電話の中には、「本当に大切なあなたへ」というポエムが貼られていた。

「ゆっくり歩こうよ
人生辛く苦しい時だけじゃないよ
道に迷う時もある
一人ぼっちになる時もある
だけど忘れないで
あなたは一人じゃない

あなたの事を必要としている人が必ずいるよ　〜後略〜」

そしてその隣には、

「恨みは、なぜ捨てられないのでしょうか？　身を滅ぼすだけなのに」

という自己啓発っぽい文章が書いてあった。

僕は全く自殺する気はなかったのだが、2枚の文章を読んだらとっても死にたくなってきた。

その他には、自殺防止の活動をしているボランティアの男性の記事や、その人の名刺が貼ってある。小銭がなくても電話がかけられるようにテレホンカードが何枚も置いてあるのを見て「懐かし!!」と思った。

夜中に訪れる心霊スポット紹介のコーナーだったら、しんみりと怖くなるところだけど、残念ながら真っ昼間のピーカンの天気だったので恐怖心は全くわかなかった。

そしていよいよ切り立った崖が現れた。

崖にはなんのロープも柵もはられていない。自然のままである。

近づくと自然に足がカクカクカクっと震えた。そこからもう一歩崖に近づけばもっといい写真が撮れると分かってても、足が前に出ない。くそーと思っていると、ちょっとやんちゃそうな男の子三人組がやってきた。

彼らは崖に足をブラブラさせて座ったり、両側が切り立った崖をひょいひょいと歩いていく。

『カイジ』の鉄骨渡りのような状況なのに平気の顔をして進んでいく。見ているだけで「ひー‼　やめてー‼」ってなる。

そこまででないまでも、若いカップルとか、女性同士の観光客とかも、崖ギリギリまで攻めていて、「みんなすげえなあ……」と感心してしまった。

東尋坊の崖の下には観光船が停泊していた。１５００円で30分のクルーズを楽しむことができる。せっかくなので乗ってみることにした。

最初は一人だったので、やっぱり客減ってんのかな～？　と思ったが、締切間際になってどかどかと人が乗り込んできた。

関西のおばちゃん軍団（と言ってもたぶん年下）と、熟年夫婦40歳くらいの不倫カップル（独断と偏見で勝手に不倫だと思ってるだけ）などなどだ。

崖の下からスタートして、まず東尋坊の近くにある無人島雄島の回りを回る。神の島とも呼ばれるし、有数の心霊スポットでもある。

観光船のおじさんが、雄島に向かいながら軽快なトーンで解説してくれる。

「雄島の崖の岩が落ちてこないのか？　と聞かれることがありますが、落ちてくることはありません。ただ、たまに人が落ちてきます～!!」

ドッ!!　と船内がわいた。なかなか、ブラックなギャグ言ってくれるじゃないのさ。

その後は東尋坊の崖の方に戻ってくる。

ランオンが座っているように見えるライオン岩、ロウソク岩、夫婦岩、など名前のついた岩を見る。そして崖の上を指差すと

船から見上げる東尋坊の断崖

「火曜サスペンス劇場で犯人が追い詰められるシーンでよく使われる場所です!!」

たしかに崖を背に犯人が自白するシーンはたびたび目にしたことがある。しかし、よく考えたらなんでわざわざ福井県の景勝地まで足を運んで自白してるのかは全然わかんない。

そして崖の下の比較的広い場所を指差す。

「そしてその下の千畳敷もよく撮影に使われます。死体が発見されるシーンです。数多くの芸能人が死体として千畳敷に流れ着きました」

東尋坊の風景は本当に刺激的なので、ドラマや映画ではよく使われる。ちなみに、『男はつらいよ』の第九作目にも登場している。

そして、楽しげに
「悪僧、東尋坊が突き落とされた崖があの崖です!!」

と最初に説明した東尋坊が落とされた崖を紹介した。

人が死んだ話は神妙な顔でしないといけないって暗黙のルールがあるが、さすがに800年も経ったら笑いながら話しても良いらしい。

船を降りて東尋坊の観光地をしばし歩いた。一番目立つ場所はかなりオシャレに整備されている。これも自殺防止の一環だとか。

「あ、スターバックスがある」

と思って近づくと、ちょっと違った。「IWABA CAFÉ」だった。確かに岩場に建っているコーヒーショップである。

ただ奥へ歩いていくと段々、昭和っぽい雰囲気になっていく。

お土産屋さんや食堂が並んでいる。イカを焼く香ばしい匂いが漂ってきた。

そんな東尋坊の観光地の中で一番目立つのが東尋坊タワーだ。高さ55mの立派なタワー。なんと個人が建てた塔だという。竣工は東京オリンピックがあった1964年だから、もう半世紀以上ここに建っているのだ。

館内に入ると、畳敷きのベンチが並んでいたり、いかにも古い喫茶コーナーがあり「東尋坊」「FUKUI」と書かれたキャップや、おかめや鬼の面もある。ばっちり昭和だ。

「ボク東尋坊」

としゃべる子坊主のキャラクターが描かれていた。お前知らないかもしれないけど、酒飲まされて崖から突き落とされるんだぜ。

せっかくなので500円払って展望台へ行くことにした。事前に
「特に何もない」

という情報は聞いていたのだが、それでもまあ景色は見られるしいいだろうと思った。

ゆっくり進むエレベーターを降りると、熱気でムッとしていた。

「え？　何もないってクーラーもないの？」

とちょっと驚く。扇風機がカラカラと回っていた。有料望遠鏡、メダル製造機、占いマシンと、タワーの中に置いてありそうな機械はあった。あっても使わないけど。


珍しいのは、布袋の像だ。通天閣の上にはビリケン様が安置してあるが、それと同じような感じで布袋様が飾ってある。

布袋様は、七福神の一人、弥勒菩薩の化身といわれることもある、デブハゲ半裸の神様である。ちなみに実在の人物といわれている。

縁起の良い像なのだが、これがめっぽう怖い。しかも三体もある。

ニヒーと笑った布袋さんに五人の小さな子どもたちがすり寄っている像。その隣の布袋さんは顔面の真ん中に大きな亀裂が入り、その隙間に小銭がいくつもねじ込まれている。軽くトラウマになりそうな像だ。

説明書きには、

「東尋坊タワーの開館当時から、展望台に鎮座していらっしゃいます布袋様

初めて見る方は、ちょっと不気味？　かわいくない？　と思われるかもしれません（笑）

しかしこの布袋様……ちょっとしたご利益があるんですよ～

いつの間にか人づてに噂が広まり、ちょっとした有名人に!!　最近ではわざわざ布袋様目当てにいらっしゃるお客様も。

カップルが一緒になって布袋様を撫でるとお二人が結ばれるとか……

もちろんシングルの方にも素敵な良縁を運んでくれるとか……?!

ぜひ皆さんも一度ためしてはいかがですか？　布袋様のパワーをもらって帰ってね」

とのこと。

東京オリンピックの頃から撫でられていたわりには、表面の塗装がはげていない。みんなやっぱ触るの躊躇してるんじゃないの？　と思ったりする。

布袋様の隣には、仏像が安置してあった。これはどんな由来じゃい？　と思って見てみたら、東尋坊で自殺した人を弔う仏像だった。

なんでも、創業者が亡くなられた方々のご冥福をお祈りするために東尋坊が一望できるここ展望台に仏様を安置したとか。

布袋様との温度差がありすぎて風邪ひきそうになった。

その日は、一旦ホテルに帰った。

二日後、たまたま福井で用事があった知り合いと合流した。レンタカーで来ていたので便乗させてもらった。

目的地は、船から見た雄島である。

島へは自動車では行けないので、島の手前の駐車場に停めて歩いていく。全長224mの赤い橋をテクテクと歩いて渡ると鳥居があった。島に入るにはまず鳥居をくぐらなければならない。ということは創価学会の会員は入れないというわけか。

左回りに進んでいくと、神社が現れた。

雄島は神の島といわれていたという。

大湊神社は1300年以上前に創建された古い神社だという。鯨を神の使いとしていて、宮司は鯨を食べないそうだ。もし食べると身体が腫れてしまうという。

絵馬にもクジラの絵が描いてあった。

見てみると、

「競馬があたりますように　しろとどラゴン（城とドラゴン）で全キャラがゲットできますように　けんどう（剣道？）がつよくなりますように」

と書かれていた。もうちょいマシなこと願え。

船から見えていた鳥居が立っていた。海に臨んでいて大海原を見渡すことができる。とても見晴らしが良い。

神社はかなり古いが、島は1300万年前ともっとずっと古い。原生林が荒々しく生えている。樹海の様相だ。

しばらく歩いていくと、灯台があった。

灯台に向かっては一応道があったのだが、植物にかなり侵されていた。噂では蛇もいるとか。おっかなびっくり草をかき分けながら、前に進んだ。なんとか灯台にはたどり着いたが、特に何もない。

そう言えば、船で

「監視小屋が建っている」

と言っていた。ぜひ監視小屋は見てみたい、と思ったが道は見当たらない。どこかで見過ごしたのかと、どんどん道を戻っていったが全く見当たらない。

ちなみに道を逆に回るのは、雄島では相当縁起が悪いらしい。逆回りしたら「死ぬ」と書いてあるサイトもあった。まあ誰しもそのうち死ぬから、その警告は当たるのだが。

歩いていると草の中から建物の屋根が突き出ているのが見えた。だが建物の位置が分かったのにも関わらず、その建物に通じる道は見つからなかった。しばらくうろちょろ回りまくったが、結局発見できなかった。というかそもそも、初夏に勢いよく生えた植物によって道が埋まってしまっているようだった。

それなりに頻繁に人が行くであろう灯台の道ですら、ほとんど植物に侵食されていたのだから、もう廃屋になって長い時間が経つ小屋への道はもう消えてしまったのだろう。

……消えてしまったと思わないと、帰れない。悔しいので、植物が枯れる冬にまたチャレンジしたいと思った。

東京ドーム二つ分くらいのサイズの大きさの島だが、途中でいくつも道が別れていた。海岸に出られる道もあった。45度に岩がゴリゴリに突き出ているめちゃくちゃあらっぽい海岸だ。これがめちゃくちゃ歩きづらい。

常に角度がついたところに立っていなければならないので、アキレス腱がビンビンに伸びる。しんどくなって、途中であきらめてしまった。

崖のギリギリに立つことができず、小屋へたどりつくこともできず、海岸線へ行き着くこともできなかった。何一つやり遂げられない、クズである。

岩の原野の向こうには釣り人が当たり前のような雰囲気で魚釣りをしていた。

結局、未練をたっぷり残したまま、雄島を後にしたのでありました。

避暑スポット・旧岩淵水門

東京都北区にある旧岩淵水門は心霊スポット取材でよく選ばれる場所だ。
僕は今までに4回も取材に足を運んでいる。

旧岩淵水門は1916年に着工して、1924年に完成した非常に古い施設だ。赤く塗られており、通称赤門と呼ばれている。

荒川と隅田川をつなぎ水流を調節するために作られた水門であり、現在は使われていない。

夜中に来ると、河川敷にヌッと水門がそびえているのが見えて、たしかに雰囲気がある。廃墟のたぐいは大好物なので写真を撮っていると、企画のため同行していた霊能者が

「あああ、ここはマズイですよ。すごいです。川面におびただしい数の霊が見えます。水死体の霊だと思います！」

などとキャンキャン吠える。逆に恐怖心はスッと消えてしまった。

たしかに荒川の周辺では水難が多く、水死した人もたくさん出たそうだ。

というか、水難が多いから「荒い川」と呼ばれたんだろうし、そしてそれを治めるために水門が作られたのだ。そしてより治水をしっかりするために、新しい水門が作られたのだ。経緯を考えれば、水死体が出たことは誰でも簡単に想像できるが、だからと言って

「霊だ～!!　怖い～!!」

なんていい年こいた大人が河川敷ではしゃいでいるのは、不謹慎だよな～と思う。

今回僕は、はじめて日中に一人で旧岩淵水門を訪れてみた。理由は、すぐ近くの写真スタジオで仕事があったからだ。

8月の頭に行ったのだが、ひどい酷暑であり歩いているだけでドンドン体力を奪われていった。やっと河川敷にたどり着いて土手を登る。たった徒歩15分だがヘトヘトになってしまった。

土手の高い位置から見下ろすと、鮮やかな赤い水門が見えた。昼間に見る旧岩淵水門は堂々としていて不気味さは感じなかった。

水門の近くには、有料のバーベキュー場がありそれなりににぎわっている。こんな歩い

ているだけで脳が焼けそうな天気の中、よく肉を焼いて食べる気になるなあ、と思う。

きゃっきゃっとした子供や若者の声が聞こえてきて、陰湿な心霊スポットという雰囲気は一切ない。

水門上は歩行者自転車専用橋として利用することができる。橋を渡ると、川の中の島になっている中之島（水門公園）だ。

橋を渡りながら旧岩淵水門を間近で見ると、100年近い歴史があるだけあってかなり古びていた。赤い塗料も近くで見ると錆びてはげかけている。その様子自体が、まるでアート作品のようで見ていて飽きない。

新水門が完成後は、旧水門は取り壊される予定だったが、皆に親しまれた建造物だったのでそのままモニュメントとして残されることになったという。その後、産業考古学会によって推薦産業遺産に選ばれ、ま

錆びかけた赤色が青空と水面に映えていた

た「東京都選定歴史的建造物」に選定されている。

旧岩淵水門の周りには、夜中に来ると気づきづらいモニュメントもいくつかあった。

「攝政宮殿下　御野立之跡 大正十三年 十月廿五日」

と書かれた小さな碑石があった。

攝政宮殿下とはのちの昭和天皇のことだ。95年前に、天皇陛下がここに立って視察したのを記念した石だ。立って視察しただけで碑が残るのだから、当時の天皇陛下のポジションがいかに高いかわかる。昭和天皇のコラージュ写真を燃やした動画を公金で展示できる現代とはだいぶ違う。

「月を射る」という「第2回荒川リバーアートコンテスト」で特賞をとったアート作品や、「農民魂は　先ず草刈から」と彫られた碑文もある。夜中に見ると心霊スポットっぽいモニュメントに見えるが、昼間に見るとむしろ牧歌的な風景の一部に見える。

「農民魂は　先ず草刈から」はどういう碑なんだろうと疑問に思っていたのだが、調べてみると意外なことが分かった。

昭和13年～18年の間、荒川土手では全日本草刈り選手権大会が開かれていたという。かなり盛り上がった大会だったらしく、参加人数はなんと4万人だ‼　一説には甲子園大会のように盛り上がった、と言われていた。

草刈り大会は二時間に渡る熾烈な戦いだったそうだ。残念ながら、第二次世界大戦のために中止になってしまったそうだ。できれば一度見てみたかった。

中之島では釣りを楽しむ人や、木陰で眠る人など、とてものんきな光景が広がっていた。僕もブラブラと歩いたが、やはり暑い。

霊は怖くないが、熱中症は怖い。

特に、河川敷や土手を取材する時は、危険だ。日陰があまりないし、飲料水を買える自動販売機もほとんどないからだ。

以前、夏場に大阪の淀川に取材に行った。野宿生活者にインタビューをして、その後いわゆるハッテンバを取材した。セックスの出会いの場になっているのは「鉄塔の周りの草むら」というすごくワイルドな場所だった。実際に足を運んでみると、野放図に生えた葦の中に迷路のような道ができていて、そのどん詰まりには布団や段ボールが敷いてあった。

しばらく散策しているとクラリと立ちくらみがした。気づけば、1時間以上水分補給をせずに歩いていた。加速度的に疲労度が増していく。

周りには誰もいないし、土手の向こうに行くには数十分歩かなければならない。「こりゃ死んでしまう」と思って慌てて戻ったが、途中何度もしゃがみこんでしまった。大阪の河川敷の土手で謎の変死をせずに済んで、本当に良かったと思う。皆さんは、土手に行く際は飲料水をたくさん持っていくようにしましょう。

ところがこの時も、岩淵水門を渡る途中で、頭がクラクラとしてきた。

どこかで休める場所がないか？　とスマートフォンで近くの建物を調べていると、「荒川治水資料館アモア」という施設があるのを発見した。良くわからない博物館は好きだし、入館料は無料だし、なにより死ぬほど暑いので訪れることにした。

「荒川治水資料館アモア」は川沿いに建つ、税金がドーンと突っ込まれている雰囲気がする、立派な建物だった。

施設の外にはドーンと遺跡のような巨石が設置してあった。アクションアドベンチャーゲームに出てきそうな（ゼルダとかワンダとか）雰囲気なので見てみると「船堀閘門（こうもん）頭頂部」と説明がある。閘門とは、水面に高低差がある河川で、船舶の往来をする場合に設置する施設だそうだ。昭和4年に竣工された施設なので、90年の歴史がある。

古いコンクリートっていいよね〜とペシペシ叩いてみる。硬い。

ちなみに施設の外には、鳥居と小さな祠と、荒川放水路の完成記念碑があった。説明によれば記念碑は、工事の犠牲者を弔うために一同で資金を出し合い建てたものらしい。

「此ノ工事ノ完成ニアタリ 多大ナル犠牲ト労役トヲ払ヒタル 我等ノ仲間ヲ記憶センカ為ニ」

と書いてある。簡潔だが、良い文だと思う。土木事業は関係者全員で作り上げていくという理念から、工事の最高責任者だった青山士《あきら》は名前を刻まなかったそうだ。

しかし、こうやって記念碑を建てたのは、霊的には全く意味がなかったらしく、霊能者が来ては
「うわぁぁあ!! 水死体が見えるぅぅう!!」

などとはしゃいでいるのである。南無三。

などと一人ブツブツ嫌味を言っていたら、いよいよ脳が焼けてきたので、館内に入った。

館内は、涼しかった。僕と同じように、暑さから逃げてきた人は何人もいて、館内で

「ふーふー」唸りながら汗をぬぐっていた。

一階には、荒川全体の大きな概略地図が設置されていて、荒川の長さや放水路の位置などが確認できる。

そして、荒川に棲む魚たちが泳ぐ水槽もあった。三つに分かれていてコイ、フナ、ドジョウが泳いでいた。

その横には、川で泳ぐ魚の模型が置いてあったのだが、ひっくり返っていて、まるで河川敷に転がる魚の死体のように見えた。

荒川の昆虫標本が展示されたコーナーや、鳥の剝製が並べられたコーナー。主に子供向けの書籍が並べられた本棚がある。

全体的に真面目なのだが、とても地味である。子供もいたのだが、展示物には関心をしめさずスマートフォンをいじっていた。

二階は、荒川放水路の歴史がわかるパネル展示、洪水が起こった時のシミュレーション映像、旧岩淵水門工事の責任者青山士のコーナーなどがあった。

働いている人たちや、工事途中の機械を再現したジオラマや、荒川と荒川放水路の様子を半立体の映像で見られるコーナーなど、個人的にはとても楽しかったのだが、客はとても少なかった。あまりに外が暑かったので、階段を登って二階に来るのもしんどかったのかもしれない。

そして三階にはもっと誰もいなかった。掃除をしているおばさんがいて、なぜかジロッとにらまれた。

テラスに出ることができて、そこには大きな荒川水流の模型が設置されていた。学校のクラス単位で見学に来ることもあるそうだ。実際に水を流すことで、岩淵水門がどう働いているのかを感覚的に知ることができる。

スタートボタンを押すと、上流で水がジャーッと流れ始めた。慌てて、関門を開けてジオラマ街を洪水から守った。

……だいぶむなしくなったし、せっかく冷えたオツムがまた熱々になってしまった。大人が一人ですることじゃないなあ。

テラスからは、荒川を一望できた。桜のシーズンならば、咲き乱れるソメイヨシノが見られるそうだ。また春に遊びに来ようと思った。

一階でしばらく涼んだ後に、外に出ると少し涼しくなっていた。

テクテクと駅に向かって歩く。土手沿いの車道を歩いていると、地蔵が設置されていた。

地蔵の横に建てられた看板には、

「由来 この地蔵は昔水難事故が多く供養のため地元有志により建てられました」

と書いてある。卒塔婆にも水難で亡くなった人のための地蔵である、というようなことが書いてあった。

やっぱり昔から水難事故は多かったんだな〜と思い、お地蔵さんの顔を見てビックリしてしまった。

身体は普通の石でできたお地蔵さんなのだが、頭だけは木製にすげかわっていた。地蔵の顔は、いたずらをされたり、経年劣化で折れてしまうことがよくあるが、木の顔をつけているのは珍しい。その上、マジックで顔が描いてあった。

なんとも無愛想というか、感情のない顔だ。マジで描いたのか、いたずらで描いたのかも分からない。

夜中に来ていたらたぶん気づかなかったであろうから、少しだけラッキーと思った。

北朝鮮里帰りツアー

今をさかのぼること約11年前、2008年の9月に僕は北朝鮮へ渡った。

きっかけは、朝鮮半島マニアの編集Tさんから

「北朝鮮のツアーに行かないか?」

と誘われたからだ。

北朝鮮へのツアーは一般的な中国を経由して入るものではなく、韓国からバスで入国する「開城（ケソン）ツアー」というものだった。

開城は韓国と共同で「開城工業地区」という工業団地を運営していた。

開城は韓国と北朝鮮の間にあるため、朝鮮戦争前後で離散してしまった家族が多かった。そのためそういう人たちのために「北朝鮮への里帰りツアー」が行われることになった。韓国と北朝鮮が比較的仲の良い時期だからこそできた企画だ。

そのツアーは参加規約がゆるく、日本人などの外国人も参加することができた。

出発日の早朝、ソウルに集合する。参加者は韓国人が2~30人、日本人は僕ら二人、後

はヨーロッパから来た人たちが数人参加していた。そしてバスに乗って出発する。

しばらく走りＤＭＺ（軍事境界線）が近づくにつれ、鉄条網や軍人の姿が目につくようになる。車内の緊張感が高まってくる。

バスは、韓国と北朝鮮を結ぶ検問所に入る。キレイで広く空港のような雰囲気だ。パスポートにハンコを押され、身体検査を受けた。身体検査は、空港で受ける検査程度だった。

そしていよいよ北朝鮮に入った。

北朝鮮側に駐車されたバスに乗ると、北朝鮮人のバスガイドがドドドッと乗り込んできた。皆、浅黒くて無骨だ。バス内には韓国から乗ってきたガイドも引き続き同乗するので、バスの中はガイドだらけである。

彼らはガイドというよりは監視役である。観光客を見張っているし、南北のガイドどうしで見張っている。だからバスの中は、一見穏やかなのだが、ピリッとした緊張感もただよっている。

そしてバスは走り出した。外はしばらく特に何もない平原を走っていく。線路があり電車が資材を積んで走っていく。外の風景は機密なので写真を撮ってはダメだ、と言われいたが「まあいいだろ」と思って撮影しているとTさんが怒ってきた。耳元で「北朝鮮で盗撮とかヤバイですよ!! 以前、韓国人がツアー中に抜け出してして射殺されたんですよ?」

と脅してきた。このツアーに参加していた女性が、亡命したかったのか抜け出して北朝鮮の兵隊に射殺されたそうだ。変わった人もいるものだ。

でもまあ、バス車内にはライフルを持った兵隊さんがいるわけでもないし大丈夫だろうと思って、動画モードに切り替えて撮影は続けた。

バスに揺られながら、韓国人の爺さんたちは、窓の外を見て

「アイゴー(嗚呼!!)」

と感動していた。朝鮮戦争以前に住んでいた場所らしい。朝鮮戦争は1950年から1953年の3年間の戦争だから、今からもう68年も前の話だった。

今の若い世代の韓国人は、南北統一に感心が薄いと言っていたが、それだけ時間が経ってしまえば仕方がないだろう。

乗客の韓国人とガイドの北朝鮮人の会話を聞くとたびたび「ウェノム」という単語が聞こえてくる。「ウェノム（倭奴）」は日本人に対する差別用語だそうだ。

僕はそもそも聞き取れなかったので腹も絶たなかったが、下手にハングルに精通しているTさんは日本人の悪口を言われているのに腹を立て、

「日本人がいるのを知っていて、日本の悪口を言うのはひどいじゃないか」

と文句を言っていた。言われたガイドは、なんともバツの悪い困った顔をしていた。

韓国人と北朝鮮人の共通の会話はなかなか難しい。ケンカにならない話題を見つけるなら、共通の敵であった日本人の悪口に落ち着くのだそうだ。

まあそんなものかな、とも思う。里帰りツアーに無理やり参加してる形なので、わざわざつっかかっていくのも大人げない。

このバスツアーは基本的に観光が目的である。滝、お寺、博物館などをめぐる。風光明媚ではあるが、正直それほど面白いものではない。

観光地にはこれみよがしに、売店が出ている。働いているのはみんな若くてキレイな女性だった。なんでも朝鮮半島では「男は南、女は北が容姿が良い」と言うらしい。

休憩中に、見学した施設の近くでヒマそうにタバコを吸っている北朝鮮ガイドと話をした。当時、金正日の健康悪化説が流れていて、「実は死んでいるのでは」とも言われていた。そこで「金正日さんの体調はどうなんですか?」と聞いてみた。

「日本の皆さんにも心配していただいていたのか!! たしかに将軍様は体調を崩していらっしゃった。しかし、今は全快した!!」

と嬉しそうに話してくれた。

その時は、「本当かよ?」と思っていたのだが、結果的に3年後の2011年に亡くなったので、その時はそこそこ回復していたのかもしれない。

「タバコをくれないか?」

と言われたので、当時吸っていたラッキーストライクを渡した。

「これは日本のタバコかい?」

と聞かれたので、アメリカのタバコですよ、と答えると

「アメリカか……」

ととても複雑そうな顔をしてから、火をつけた。そして

「うまいタバコだな」

と笑顔で言った。

観光地よりも、そこへ向かう途中に車窓から見える風景のほうが衝撃的だった。日に焼けて白くなったボロボロのビルが並んでいる。

ビルの前には年式の古い自動車がポツリポツリと停まっている。パトカーも停まっていた。待ちゆく人も車の量もとても少ない。交差点や、線路にはでかい帽子をかぶった軍人が銃を片手に立っている。

たまに、

「北朝鮮の町並みは懐かしい」

と言う人がいるが、僕は全然懐かしいとは思わなかった。こういう簡素で味気ない街角は今まで見たことがなかった。

民家を見ていると、停められた自動車の後ろに人が何人も隠れているのが見えた。お年寄りのようだった。

ガイドに話を聞くと、見栄えが悪い年寄りは、バスが通過する時は、見えない場所に隠

れるよう指示されているそうだ。韓国人以外の外国人も乗っているわけだから、体面を気にするのはわかるけど、

「老人は見せないようにしよう!!」

という発想はなかなかの鬼畜である。

バスはお土産屋さんに停まった。店内は電気がついておらず暗い。食べ物、お酒、タバコなどが並べられて売っている。CDやバッヂ、切手など売っているのだが、金日成の肖像画などを買おうとすると、韓国のバスガイドが

「それは買ってはダメです!!」

と怒ってきた。北朝鮮の象徴が描かれた商品を韓国に持ちこむのは禁止されているという。実は北朝鮮のガイドよりも、韓国のガイドの方がうるさい。売ってるのに買ってはいけないとは理不尽である。禁止なら売らなきゃいいと思うんだが、北朝鮮で売るのは自由らしい。

最後は全員で古い宮廷に行って食事をした。全14品の豪華な食事だ。キムチは韓国ほど辛くなく、全体的に優しい味付けだった。

かなりの量があったが、同行者がせっかくだからと、冷麺も頼んだ。これも韓国よりも麺が柔らかく食べやすかった。

おそらく北朝鮮の一般の人民は一生に一度も食べられない質と量の食事なのである。せっかくだから残さずに食べようと、がんばって食べていると、同じバスに乗っていたヨーロッパ人がほとんどハシをつけずに立ち上がって出ていった。イケメン白人のお口には合いませんか〜と思う。

ぐるっと回って検問所に戻ってきた。行きの検査はサラッとしていたが、帰りの検査は厳しかった。持ち物も一個一個丁寧に見られるし、カメラのSDカードもパソコンに映し出して検査される。

僕は、撮ってはいけない場所で撮影していたので見つかったらただではすまないだろうと思い、トイレに行ったついでにSDカードをそっと靴下に隠した。そしてかわりにちょこちょこ観光地を撮影しておいたダミーのSDカードをカメラに入れて検問を受けた。

食べきれないほどの朝鮮料理

無事通ることができた。そしてなんとかデータを持ったまま韓国に戻ってこれた。

そんな駆け足の日帰りツアーだったが、残念ながら今はやっていない。

南北が仲良くなれば、ひょっとしたらツアーの復活もあるかもしれない。

毒ガスとウサギの島・大久野島

インタビュー仕事のために広島に足を運んだ。翌日の夜には大阪で仕事があるため、あまりゆっくりはしてられないのだが、どうしても前から行きたかった大久野島に行くことにした。

大久野島は瀬戸内海に浮かぶ1周4キロくらいの小さな島だ。広島県竹原市に属する。

昭和初期から昭和20年までは毒ガスの製造をした島として知られている。戦時中には、地図から消されていた。

現在は、島中にウサギが繁殖しておりウサギの島と呼ばれている。

ウサギにはあまり興味がないが、毒ガス関連の施設には非常に強い関心があった。広島で仕事が終わったのが、午後13～14時くらい。フェリーが出る忠海までまっすぐ向かって、とりあえず大久野島へ渡ってしまおうかと思ったが、ギリギリ間に合わなかった。忠海駅近くのホテルはすでに埋まっていたので、三駅手前の竹原駅で降車して地域最安値のビジネスホテルに宿泊した。

そして早朝に竹原駅から忠海駅へ移動し、船舶乗り場でチケットを買った。船舶時刻表によると、始発は7時40分だった。釣り人や、カップルなど七人の客が乗船した。

定刻通り船は出発した。職員が着るピンクのパーカーの背中を見ると「兎人（うさんちゅ）」と書かれていた。かなりウサギ推しをしているらしい。個人的には「毒人（ぽいずんちゅ）」と書かれたジャンパーが欲しい。毒ガスマスクをつけたウサギの絵も入れて欲しい。

船は15分ほどで大久野島へ到着した。

ついに毒ガス島に上陸である。

さあ、毒ガスの跡地を見るぞ!!　と歩き出した。すると足音を聞きつけたのか、遠くからトコトコトコとウサギが走ってきた。

僕の前に来ると、後ろ足で立ってこちらを向いて鼻をヒクヒクさせている。

「え〜ウサギってこんなになついてくるものなの〜？　きゃわゆーい」

といっぺんに心を持っていかれた。

幼稚園の卒園式でウサギをもらい、小学校1〜2年生の頃まで飼っていたけどこんなになつかなかった。

そう言えば、飼ってたそのウサギは近所の野良猫に食べられちゃったな〜と少しブルーな思い出が脳の奥の方からにじみ出てきた。

こんなになついてくるなら、エサをあげたいなと思い船着き場で聞いてみると、島内ではエサは買えないのだという。

慣れた人は、ニンジンやキャベツを持参で来ていた。帰りにたしかめたら、フェリー乗り場近くのコンビニエンス

ウサギは本当に可愛かった

ストアでカップに入ったニンジンなどを売っていた。この文章を読んで「大久野島へ行こうかな？」と思った人は絶対にエサを持っていった方が楽しいはずだ。ちょっと荷物になるけど、キャベツを一玉持っていけば、島中のウサギたちにエサをあげてまわることができる。

楽しそうにウサギにエサをあげる人たちをほぞをかむ気持ちで見つめながら島内を回ることにした。

船着き場の近くに「大久野島毒ガス資料館」というとても興味をそそられる施設があったのだが、9時10分スタートだったので、島を回り終えてから見学することにした。

歩いていくと建物が見えてきた。かなり古びた建造物だがしっかりと残っている。表面は剥離して、鉄筋がむきだしになっていた。

施設の前には、子ども向けのクイズが看板に貼られて出されていた。自転車で島内を回りながらクイズに答えていく形式らしく、かわいらしい自転車のイラストが添えてある。

「サイクルラリーCP2　本館横にあるこの建物はなんでしょう？　ヒント：何かの貯蔵庫です。本館にはかつて●●●●の製造工場があったよ！　大ヒント：ひらがなにすると

4文字だよ‼」

すごい陽気な質問である。

答えは「毒ガス貯蔵庫」って、質問の陽気さにくらべて答えがヘビーだわ‼

毒ガス貯蔵庫らしく床には丸いタンクを置くための台座が残っている。

柵がしてあって中には入れないのだが、壁には一面に落書きがしてあった。その落書きに書かれた年代が古い。

一番古いのは「49 10／13 JFIPJP」と書かれたものだった。1949年は太平洋戦争が終わり、毒ガスが投棄された二年後だ。処理はかなり荒かったらしく、かなり危険地域だっただろう。1950年から朝鮮戦争のため米軍が接収したそうなので、下見に来た米兵が落書きしたのかもしれない。

1964～1976年くらいの日本人の落書きが多く見られた。バカは昔からいるのである。

落書きは他の施設にもたくさんあった。

「世界が平和になりますように‼」

「2004　大阪から来たよ！」

「有田さん　ゆりちゃん　お父さん」

無数のハートマーク（ハートの中にイニシャル）や実名が書かれた相合い傘があった。

こういう施設の落書きを見ていつも思うのだが、落書きで恋愛していることを書いてなんになると思ってるんだろう？　末永く恥をさらしているだけに思えるけどなあ。皆さんは絶対に落書きはしないでね。

海沿いの道をてくてくと歩いていく。

始発で来たこともあり、人はほとんどいない。あいかわらずウサギがヒョコヒョコと集まってきてかわいい。

そして見えてきたのが、おそらくこの島でもっとも大きい施設である、長浦毒ガス貯蔵庫跡だ。島内最大の毒ガスの貯蔵庫だったそうだ。

この建物はものすごくかっこいい。頑丈なコンクリートで作られているが、老朽化で一部は剝げ落ち、苔やカビで黒く汚れている。ツタが建物の表面をまるで血管のように走っている。

ゲームの「ワンダと巨像」とか「ゼルダの伝説 ブレス オブ ザ ワイルド」とかが好きな人にはたまらない雰囲気だ。施設を眺めていると思わず、ツタに手をかけて、グイグイ登って行きたくなる衝動にかられた。

海辺を超えていくと、さらにたくさんの施設が見えてきた。

やはり堅牢な施設なのだが、レンガや石垣で作られている。長浦毒ガス貯蔵庫跡と比べると古い建造物な気がした。

これらの施設は、第二次世界大戦前の、明治時代に作られた施設らしい。艦隊の攻撃にそなえ、沿岸要塞砲台を設置していたのだ。

毒ガス島になってからは、施設を改装し、貯蔵庫として使用していた。

山道を登っていく。普段の不摂生がたたって、かなり

コンクリートの汚れとツタの這い方がたまらない

しんどい。

島内の地図を見ながら歩いていたのだが、立ち入り禁止になっている場所がとても多かった。展望台や中部砲台跡に進む道も立ち入り禁止でとても残念だった。老朽化による崩落の危険などあるかもしれないが、もうちょっと見られるようにして欲しい。

最後に見えてきたのが発電所跡だ。黒ずんだコンクリでできたかなり大きな施設だ。外から見ると三階建だが、建物内は階層わけされておらずかなり広々した空間になる。当時はディーゼル発電機が8基設置されていたらしい。現在は全部取っ払われてしまっている。

建物の外にはほとんど消えかけているが英語で表記がしてあった。米軍に押収されている時代に書かれたものだろう。

この建物は「ふ号作戦」に使用される兵器の制作にも使われていたという。「ふ号作戦」とは、気球に爆弾を乗せて、ジェット気流を利用してアメリカまで飛ばしてアメリカ本土を空襲するというトンデモ兵器である。実用されたが、ほとんど戦果は上げることができなかった。

その風船爆弾をこの施設でふくらませ、弱い部分を補修したりしていたそうだ。

ぐるりと一周回って来た。2時間ほどかけて回ったので、毒ガス資料館はすでにオープンしていた。入場料は100円だった。

島の成り立ちから戦中の様子、そして戦後の毒ガスの処理と〝毒ガス〟という厄災と関わり続けてきた島の歴史がわかりやすく展示されていた。当時の技術では当然起きた、事故や漏れなどについても描かれている。

というわけで駆け足で回った大久野島だったが、細かい見どころはまだまだたくさんあった。夜中に歩くのも怖くて楽しそうである。休暇村があり9000円から宿泊することができる。キャンプ場もあり、フリーテント場なら410円で借りることができる。大浴場もあってこちらも1回410円だ。

僕は軍事遺構ばかり見ていたけど、人が一番たくさんいたのはキャンプ場だった。

見どころは、ウサギと軍事遺構とバーベキュー!! つまり、かわいい、かっこいい、うまい、と三点そろったのが大久野島なのだ。

立入禁止の先　フクイチ原子炉ツアー

「福島第一原発の原子炉の中に入るツアーがあるんですけど、村田さん行きませんか？」と知り合いに聞かれ、一も二もなく

「行きます!!」

と答えた。原発の中に入れるチャンスなど、滅多にない。それはもう絶対に入りたい。

数週間後、ツアーに参加する5人で福島へ出かけることになった。

福島は2016年に取材で足を運んだ以来だった。この時の取材は〝立ち入り禁止区域〟内への取材が中心だった。原発事故で撒かれた放射性物質の除去が終わっていない地域だ。住人も住めなくなり、事故から5年経っても疎開先から戻って来れなくなっていた。

僕は無許可の潜入取材を辞さないタイプのライターだが、この時はしっかりと許可を取って入った。富岡町の役所に行き、役所の人間に先導されて立ち入り禁止地域に入った。

この地域は、地震や津波による被害はほとんどない場所だった。そのため家々は普通に建っていた。自動車は置かれていたが、どの車もタイヤはぺちゃんこになっていた。植木

は巨大に育ち、夜ノ森駅も草木に覆われていた。イノシシなどの動物が庭や家の中を荒らすので、罠が仕掛けられている家もあった。まるで、藤子・F・不二雄さんの短編のような「人だけがいなくなった街」の光景だった。

駅で、地面の放射線量を測ったら、8・61マイクロシーベルトと高い結果が出た。

ただ、どんどん除染作業は進んでいて、立ち入り禁止ではなくなると聞いた。地震以来7年ぶりに桜まつりも開かれるし、常磐線も復帰すると聞いて「再訪しよう」と思いつつ、7年が経ってしまった。

福島第一原子力発電所近くのショッピングモールで待ち合わせる。すでに到着していた、経済産業省の木野さんと落ち合った。

いただいた名刺を見ると、

「内閣府 経済産業省 経済産業省資源エネルギー庁 廃炉・汚染水・処理水対策官 原子力災害対策本部 廃炉・汚染水・処理水対策現地事務所 参事官」

と書かれていた。

長すぎる。絶対に覚えられない。

ショッピングモールの駐車場で、木野さんの自動車に乗り換える。そのまま福島第一原発の敷地内へ移動する。

カメラや録音機は持ち込めないが、その代わりにニコンのコンパクトデジカメを渡してくれた。自由に撮影して良いが、後ほど検閲して、写してはいけないものが写っていないかどうか検閲してから、使用可能な写真を渡してくれるそうだ。写していけないものというのは、ドアや監視カメラ。理由はテロ防止のためだ。

「駐車場に赤いシールの貼ってある車がありますよね？」

と木野さんに言われる。確かにある。どの車も年季が入っているように見えた。

「地震の時に、原発の敷地内にあった自動車なんです。汚染されたので外に出すわけにいかない。それで社用車として使っていました」

福島第一原子力発電所の中から人間以外は、外に持ち出すことはできない。だからガソリンスタンドも整備工場も敷地内へ作ったという。車も古くなってきた今、スクラップ工場を作る必要が出てきている。

外に持ち出せないのは、自動車やゴミだけではない。一番の問題は水だ。

ズラリと処理水のタンクが並んでいる。なんと一基1億円で1080個も建てられているという。敷地がもういっぱいなので、ALPS（多核種除去設備）でトリチウム以外の放射性物質を取り除き、安全基準を満たした水を海に廃棄して、タンクを減らしていく予定だ。説明を受けたら確かに安全だと思えるが、それでもやっぱり揉めている。地元の人がそう簡単に納得できないのも、理解ができる。

中に入る手続きをするのだが、これが想像の三倍くらいは大変だった。

まず身分証を出し、静脈認証をして鍵を作る。入る時と、出る時で、身体から発する放射線量が変わっていないかどうか調べるため、ホールボディ・カウンタによる内部被ばく検査を受ける。

そして内部に入るために、手袋を三枚はめ、靴下を三枚はき、白い上着を着、上着の胸に放射線測定器を入れる。マスクをし、帽子をかぶり、ヘルメットをかぶり、防護服を着る、指定された作業靴を履く。

場所によってヘルメットや防護服は着用しなくてよいなどルールが変わるが、とにかくまあめんどくさい。原発内で働いている人は年中、作業をこなさないといけないわけで、大変だ。

一度着た防護服や手袋などは全部放射性廃棄物として敷地内で処理をしなければならない。ゴミはますます溜まっていく。

準備を済ませて最初に向かったのが、1~4号機の正面の丘だ。丘の上に立つと、1~4号機を見下ろすことができる。

テレビなどで何度も見た、水素爆発で吹っ飛んだ1号機が目の前にあった。

怖いだとかなんだとか思う前に、有名人と出会ったような気持ちになって一人興奮してしまう。

事故から12年経っているが、1号機は建屋を覆っていた鉄骨が、赤く錆びついて丸見えになっている。事故が起きた時と、あまり変わっていないように見えた。

被害が軽微だった建屋

よく見ると1号機の壁面で、防護服を着て働いている人がいた。現在もかなり強い放射線が出ていて、防護服を着ていても長くは働けないそうだ。

1〜4号機は壊れ方が違うので、外観もかなり違っている。

1号機は建屋全体を覆う大型カバーを設置する予定、2号機は建屋が吹き飛んでおらず、南側に燃料取り出し用の部屋を建設している。3号機は燃料取り出し用のかまぼこ型のカバーがつけられている。4号機は鉄骨が白とグレーの壁で覆っている。

この丘からの光景だけで、福島第一原子力発電所の事故の大きさがわかる。そして、全然事故は片付いていないこともわかる。

1〜4号機はどれも大きな事故があったため、当然中には入れない。

だが5〜6号機は少し離れた場所にあり、大きな被害はなかった。今回は5号機の中に入らせてもらえることになっている。

中に入ると、まるでSF映画のセットのような雰囲気だった。長い廊下の先には、ローマ数字で5と書かれている。ところどころ手書きのメモが貼ってあったりするのも、とてもリアルでワクワクする。

窓の中を見ると、研究施設らしく壁がピカピカと光っていた。

壁に貼られたポスターは平成レトロの雰囲気だ。「ＰＨＳの落下に気をつけよう」などと書かれている。

まずは、原子炉の真上に向かった。

広々とした空間が広がっている。真っ先に緑色のプールが目につく。

「深さ12メートルのプールです。今はろ過されていなくて濁っています。透き通っている時は、沈められている燃料１５４２体が見えますね」

え？　ここに燃料が沈んでいるの？　ヤバくない？

「水で放射線は遮断されているから大丈夫です。ちなみに、作業中にプールに落下してしまった人がいますけど、全く大丈夫でした」

それは良かった……というか、このプールに落ちるなんてどんなウッカリさんだ!!

無事助かっても、絶対トラウマが残る。

その後、原子炉の真上に立ったが、炉心の上部は工場のような雰囲気で、あまり緊張感はなかった。

その後、階下に降りる。

ヘルメットを被り、防護服を着て、原発の炉心の真下へ降りる。

地下は人が入ることが想定されていない、機械の中に無理矢理道を通したような場所だ。上がりすぎた圧力を下げる役割があるサプレッションチャンバーという直径33ｍのドーナツ型の構造体の上を歩く。

そして、炉心の真下にたどりついた。

天井は低く、制御棒を操作する装置と、錆びついたボトルが何本も飛び出ている。もう電源は通っていない装置もたくさん置かれている。ふいに胸に入っている放射線測定器が「キュイ!!」と大きな音を立てた。木野さんは笑いながら、

「胸のレントゲンの半分くらいの線量だから大丈夫です」

と言う。大丈夫なんだろうけど、微妙に不安になる説明である。

1～3号機は核燃料が溶け落ちるメルトダウンが起きた。つまり、今僕たちがいるこの場所には、燃料と金属が溶けた塊が落ちているということだ。

デブリ（ゴミ）の総量は８８０トン。

「今ロボットアームで取り出す計画がありますが、一回で取り出せる量は数グラムです」

「数グラム??」

思わず聞き返してしまった。

一回数グラムだとしても、何回も繰り返せば８８０トン取り出せる……というわけでもない。大きな塊になっているから、細かく切らなければそもそも取り出せない。人間が絶対に入れない場所で、金属をバラバラにして取り出す。

つまり、端的に言えば、どうやって出したらいいのか分からないのだ。

２０１１年12月に出された「廃炉措置に向けた中長期ロードマップ」では、3〜40年後には廃炉が終わるとあった。

「２０５０年頃には廃炉完了するんでしょうか？」

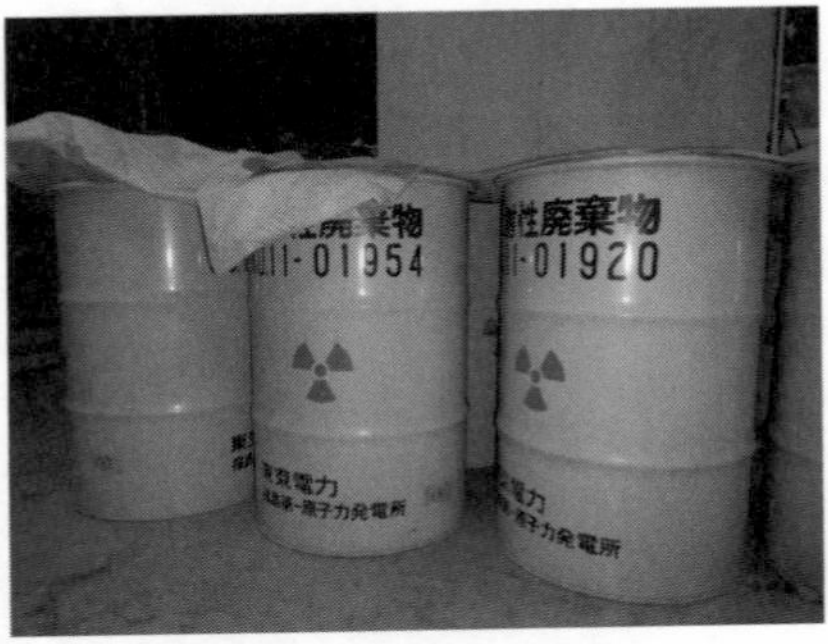

放射性廃棄物のドラム缶を前に少し緊張する

「しませんね」

即答での否定だった。

実際話を聞いていても、絶対無理だと思った。正直、一世代や二世代で終わるようなプロジェクトではないと感じた。

それでも長年かかってもやり遂げなければならないし、とてもお金もかかるが、全く収入にはならないプロジェクトだ。

原子力発電所というダイナミックな施設に興奮しつつも、やはりやりきれない気持ちになってしまった。

せっかく福島に来たので、7年ぶりに富岡町の夜ノ森駅に足を運んだ。

前回来た時は、立入禁止区域に指定されていたから、町並みは健在だったが人が全くいなかった。ゴーストタウンになっていた。

現在は、立入禁止は解除されて誰もが入れる街になった。夜ノ森駅も閉鎖されていたが、新たに建造されたという。（以前の夜ノ森駅に似た建物が建てられているが、それは待合室）

現場に行くと、想像とは違う光景が広がっていた。多くの家、建物が、取り壊しされていた。建物がなくなったぶん、遠くの方まで見渡せる。

アスファルトは再舗装されていたが、歩道は雑草が生い茂っていた。潰れたコンビニの前には大きな樹が生い茂っている。

草むらの中にはボロボロに錆びた自動車とバイクが眠っていた。

残された駅前のゲームセンターの名前が「理想郷」だったのが切ない。

7年前に来た時と変わらず……いや、それ以上に廃墟感を感じてしまった。

街が死んでいる。

原発事故というものは、街と土地を殺す災害だというのを、まざまざと見せつけられた気がした。

あとがき

編集さんが本書をゴリゴリと進めてくれている最中、僕は呑気にポーランドへ飛んでいた。僕は今まで海外旅行でアジアにしか行ったことがなく、初めてのヨーロッパだった。

一番の目的はズジスワフ・ベクシンスキーの美術館に行くためだ。彼の絵は「三回見たら死ぬ」という都市伝説が流れたくらい暗く、おぞましい世界観だ。彼の美術館があることを知り、

「どうしても原画を見たい!!」

と思ったのだ。

丸山ゴンザレスさんに話したら、

「たまにそういう美術家っぽい面見せてきますよね？」

とからかうように言われて、恥ずかしくなってしまった。

しかしやっぱり原画はすごかった。『ジョジョの奇妙な冒険　第四部』で、スタンド使い岸辺露伴が描く漫画の原画を見た人が衝撃を受けて本になってしまうシーンがあるが、まさにそんな感じだ。原画の持つ圧倒的な情報量が脳を焼く。素晴らしい体験だった。

しかし出会った絵画はベクシンスキーだけではなかった。

せっかくポーランドにいるので世界遺産ヴァヴェル城に足を運んだ。城内に、有料の美術館、博物館がいくつかあったので、適当に入ってみた。タペストリーや絵画など素晴らしいコレクションだった。そして最後の部屋に、特に飾らず、もったいつけず、ヒエロニムス・ボスの作品がヒョイと飾ってあった。

「えええええ?」

と思わず声が出た。監視員の人に「これ原画ですか?」と聞いたら、表情を変えず「そうですよ」と言われた。

昔から大好きだった作家の絵を目と鼻の距離で見られて、脳汁がドバドバと溢れ出した。

さらに国立美術館にはレオナルド・ダ・ヴィンチの『白貂を抱く貴婦人』が展示してあった。さすがにアクリルで防護されていたが、非常に近い距離で見ることができた。

ほとんどの絵にはアクリルがなく、写真撮影も禁じられていない。日本よりずっと絵を間近に見ることができた。美術館自体もとても歴史のある建物で、会場を歩いているだけで楽しい。もう、これだけで旅費の元はとったという感じだった。

ベクシンスキー美術館は、クラクフにあったので、滞在時間のほとんどをクラクフで過ごした。クラクフは日本でいう京都のような場所。古い教会や建物が並んでいるのだが、びっくりするくらいオシャレだ。そして歩いている人たちの多くが美男美女だ。

たまさかバレンタインデーに訪れたので、カップルたちがあっちこっちでキスハグしていた。短軀で太いヒゲな僕には、不似合いな場所だなあと思って……やっぱりダークサイドな場所にも足を運んだ。

一日かけて訪れたのが「アウシュビッツ強制収容所」だ。ナチスドイツがユダヤ人などに対し大量虐殺を行った場所だ。

その場所を歩いて最初に思った感想は、

「とても綺麗な街だな」

というものだった。整然とレンガの家が並び、並木が並んでいる。とても大虐殺が起こった場所には見えなかった。

第二強制収容所ビルケナウの死の門も、複数の線路が走るとても素敵な景観だった。

しかし、そこで現実に虐殺は起きた。資料室には夥しい量の、処刑された人たちの髪の毛、靴、メガネ、カバン、などが展示されていた。圧倒的な量だった。しかしそれでもほんの一部だという。綺麗な施設であるがゆえに、そこで行われた〝えげつない行為〟がより如実に際立って見えた。

第一強制収容所の門には「ＡＲＢＥＩＴ ＭＡＣＨＴ ＦＲＥＩ（働いたら自由になる）」と有名な言葉が書かれている。もちろん、これは嘘だった。ほとんどの人が虐殺された。「働いても自由にならない」のは実は僕たちも実は一緒だよなあ……なんて思ったりした。

アウシュビッツ収容所以外にも、核シェルターの中を歩ける博物館や、映画『シンドラーのリスト』のシンドラーのホーロー工場を改装した博物館など、ダークサイドウォーカーにはオススメの場所がたくさんある街だった。

……あとがきと言いつつポーランドのルポを書いてきた。あとがき書くの苦手なんだもの。

というわけで、いよいよ本著も最後である。まえがきでダークサイドな場所に行くと「魂が軽くなる気がする」と書いたが、この本を読んでくださった皆さんがバーチャルでもダークサイドを歩くことができて、そして。魂が少しでも軽くなったと思ってもらえたらライター冥利に尽きます。ありがとうございました。

村田らむ

本書は各媒体に発表された記事・原稿に
書籍化にあたって大幅に加筆修正を行い
再編集したものです。

村田らむ（むらた・らむ）

1972年愛知県名古屋市生まれ。ルポライター、イラストレーター、漫画家。九州産業大学芸術学部卒業。主にホームレス、新興宗教、サブカルチャー、アンダーグラウンドなどをテーマにした取材を行っている。近年はyoutubeやトークイベント、東洋経済オンラインでの執筆など活躍の場を広げている。著書に『樹海考』（晶文社）『危険地帯潜入調査報告書』（丸山ゴンザレスと共著・竹書房）『ホームレス消滅』（幻冬舎）『「非会社員」の知られざる稼ぎ方』（光文社）『人怖』（竹書房）など多数。

わたしの旅ブックス

052

にっぽんダークサイド見聞録

2024年4月15日第1刷発行
2024年7月10日第2刷発行

著者――――――村田らむ

デザイン――――松田行正＋杉本聖士（マツダオフィス）

DTP ――――――Isshiki

編集――――――及川健智（産業編集センター）

発行所―――――株式会社産業編集センター
〒112-0011
東京都文京区千石4-39-17
TEL 03-5395-6133　FAX 03-5395-5320
https：//www.shc.co.jp/book

印刷・製本 ―――株式会社シナノパブリッシングプレス

ISBN978-4-86311-403-6 C0026

013
ダリエン地峡決死行
北澤 豊雄
コロンビアとパナマの国境、ゲリラや麻薬組織が往来する道なき道を歩いて踏破しようとした一人の男の挑戦。

018
海外旅行なんて二度と行くかボケ!!
さくら剛
大失敗経験豊富な著者が、〝一人旅〟で出くわす、よくあるトラブル〟を語る抱腹絶倒の旅行記。

047
花嫁を探しに、世界一周の旅に出た
後藤 隆一郎
離婚でどん底に落ちた敏腕テレビディレクターが花嫁探しの旅に出た！　抱腹絶倒・感慨無量の初著作。

049
罪深きシリア観光旅行
桐島 滋
一介の旅行者として入国した著者が見た戦下の国シリアの今。異色の旅行記であるとともに、問題提起の一冊。

050
インド超特急！カオス行き
嵐 よういち
広大な亜大陸を飛行機やバスを使わず列車だけで一周できるか？一筋縄ではいかない混沌のインド列車紀行。

051
タバコの煙、旅の記憶
丸山ゴンザレス
危険地帯ジャーナリストが旅先の路地や裏社会取材の合間にくゆらせたタバコの煙のあった風景を綴ったエッセイ。